U0772983

/ 100 位

为新中国成立作出突出贡献的英雄模范人物/

李 兆 麟

尚金州/编著

吉林文史出版社

图书在版编目（CIP）数据

李兆麟 / 尚金州编著. -- 长春：吉林文史出版社，
2011.4（2022.4重印）
（100位为新中国成立作出突出贡献的英雄模范人物）
ISBN 978-7-5472-0518-1

Ⅰ．①李… Ⅱ．①尚… Ⅲ．①李兆麟（1910～1946）—
生平事迹 Ⅳ．①K827=6

中国版本图书馆CIP数据核字(2011)第050299号

李兆麟

LIZHAOLIN

编著/ 尚金州

选题策划/ 王尔立　责任编辑/ 王尔立

装帧设计/ 韩璘

出版发行/ 吉林文史出版社

地址/ 长春市福祉大路5788号　邮编/ 130118

电话/ 0431-81629363　传真/ 0431-86037589

印刷/ 天津海德伟业印务有限公司

版次/ 2011年4月第1版 2022年4月第6次印刷

开本/ 640mm×920mm　1/16

印张/ 9　字数/ 100千

书号/ ISBN 978-7-5472-0518-1

定价/ 29.80元

《100位为新中国成立作出突出贡献的英雄模范人物》丛书

编 委 会

主　任　　张自强　高　磊

副主任　　王东炎　徐　潜　张　克　王尔立

编　委　　郭家宁　尚金州　龚自德　张菲洲

　　　　　张宇雷　褚当阳　丁龙嘉　孙硕夫

　　　　　李良明　闫勋才

/100位

为新中国成立作出突出贡献的英雄模范人物/

八女投江	于化虎	小叶丹	马本斋	马立训	方志敏
毛泽民	毛泽覃	王尔琢	王尽美	王克勤	王若飞
邓 萍	邓中夏	邓恩铭	韦拔群	冯 平	卢德铭
叶 挺	叶成焕	左 权	诺尔曼·白求恩		任常伦
关向应	刘老庄连	刘伯坚	刘志丹	刘胡兰	吉鸿昌
向警予	寻淮洲	戎冠秀	朱 瑞	江上青	江竹筠
许继慎	阮啸仙	何叔衡	佟麟阁	吴运铎	吴焕先
张太雷	张自忠	张学良	张思德	旷继勋	李 白
李 林	李大钊	李公朴	李兆麟	李硕勋	杨 殷
杨子荣	杨开慧	杨虎城	杨靖宇	杨闇公	萧楚女
苏兆征	邹韬奋	陈延年	陈树湘	陈嘉庚	陈潭秋
冼星海	周文雍、陈铁军夫妇	周逸群	明德英	林祥谦	
罗亦农	罗忠毅	罗炳辉	郑律成	恽代英	段德昌
贺 英	赵一曼	赵世炎	赵尚志	赵博生	赵登禹
闻一多	埃德加·斯诺	夏明翰	格里戈里·库里申科		
狼牙山五壮士	聂 耳	郭俊卿	钱壮飞	黄公略	
彭 湃	彭雪枫	董存瑞	董振堂	谢子长	鲁 迅
蔡和森	戴安澜	瞿秋白			

前 言

　　每个人的心中都多少有一点英雄情结，都向往英雄、景仰英雄。也正因此，在中华人民共和国建国六十周年之际，由中央十一部委联合组织开展的"100位为新中国成立作出突出贡献的英雄模范人物和100位新中国成立以来感动中国人物"的评选活动中，群众参与投票总数近一亿。这其中的每一张选票，都表达了人们对英雄模范的崇敬之情，寄托着对伟大祖国的美好祝福。

　　一个民族不能没有英雄，否则这个民族就不会强大。当国家危难之时，懦弱者选择了逃避、妥协甚至投降，英雄们却挺身而出，用热血捍卫民族的尊严，人民的幸福。在创立和建设新中国的伟大历程中，涌现出无数可歌可泣的英雄模范人物。他们之中，有为了民族独立和人民解放而英勇牺牲的革命先烈，有为了党和人民的事业而不懈奋斗的优秀共产党员，有在全民族抗战中顽强奋战、为国捐躯的爱国将士，有英勇杀敌的战斗英雄和革命群众，有积极从事进步活动的著名民主爱国人士和国际友人……他们是民族的脊梁、祖国的骄傲，是激励全体人民团结奋斗的精神力量。

　　《100位为新中国成立作出突出贡献的英雄模范人物传记》丛书，就像一部星光璀璨的英雄谱，真实、完整地记录了英雄模范人物不平凡的一生，再现了他们非凡的人格魅力和精神世界。"头颅可断腹可剖"的铁血将军杨靖宇，"毫不利己，专门利人"的白求恩，"抗战军人之魂"张自忠，"砍头不要紧"的夏明翰，"俯首甘为孺子牛"的文化斗士鲁迅……一串串闪光的名字，一个个动人的故事，犹如群星闪烁，光耀中华。

　　如今，战火已熄，硝烟已散，英雄已逝，我们沐浴在和平的幸福之中。在和平年代，人们不会忘记为今日的和平浴血奋战的英雄们，英雄的故事永远不会结束。让我们用英雄的故事唤醒我们心中的激情，为中华民族的伟大复兴而奋斗。

生平简介

李兆麟（1910-1946），男，汉族，辽宁省辽阳市人，中共党员。

九·一八事变后，李兆麟到北平参加由中共地下党员任骨干的抗日民众救国会，在平西一带开展抗日救亡活动。不久，中共党组织派李兆麟等人以抗日民众救国会名义，回东北辽阳一带组织抗日义勇军，开展反日武装斗争。1932年5月加入中国共产主义青年团，同年转为中国共产党党员，随后被派到本溪煤矿从事工人运动。次年8月调中共满洲省委军委工作，参与创建东北抗日武装。1934年起任珠河反日游击队副队长、哈东支队政治委员、东北人民革命军（抗日联军）第六军政治部主任、北满抗日联军总政治部主任。曾与赵尚志、李延禄等领导的部队配合创建松花江下游汤原抗日游击根据地。1939年5月任东北抗日联军第三路军总指挥，率部在广袤的松嫩平原上开展了英勇的抗日游击战，打击日伪军，先后攻克讷河、克山、肇源等县城。1940年底，抗联部队在极其艰难险恶环境下遭受严重挫折后，他和周保中等组织整训部队，继续坚持斗争。曾任整训后的东北抗联教导旅政治副旅长。抗日战争胜利后，以中共代表身份任滨江省副省长，兼任哈尔滨市中苏友好协会会长等职，同国民党"接收"大员进行了针锋相对的斗争。1946年3月9日在哈尔滨被国民党特务暗杀。

1910-1946
[LIZHAOLIN]

◀ 李兆麟

目 录 MULU

碧血丹心李兆麟（代序）

　　哈尔滨、辽阳、大连……在东北许多地方，都有以"兆麟"命名的街道、广场、学校，这个名字的主人，就是著名抗日民族英雄、东北抗日联军第三路军总指挥、中共东北局北满分局委员李兆麟。陈云亲笔手书，赞誉："李同志是东北抗战英雄，坚持东北抗战十四年；光复后，又积极维持地方治安，主张国共合作与东北实行民主和平，为北满人民所爱戴"。今天，他的英魂安息在哈尔滨兆麟公园高耸巍峨的纪念碑下，他的精神则早已传遍神州大地。

　　李兆麟光辉战斗的一生，是与白山黑水那交织着屈辱与抗争、血腥与血战的 14 年不可分离的，是与东北抗日联军不可分离的，是与中国共产党不可分离的。他和他的战友们，同凶残的日本法西斯进行了顽强抗争，铸就了生理上的奇迹，铸就了中华民族的奇迹，铸就了共产党人的奇迹。

　　他们是人。正是为了他们的同胞和子孙后代，能够真正过上人的生活，他们甘愿抛家舍业，不惜断头洒血，于粮绝弹尽中苦战，在饥寒交迫中坚持，创造了"火烤胸前暖，风吹背后寒"的人间奇迹，正如彭真所说，东北抗联 14 年苦斗和长征及南方三年游击战一样艰苦卓绝。

　　他们是中国人。为了自己的国家免遭侵略者的蹂躏，自己的民族得到独立和解放，他们履行着炎黄子孙的职责，书写着华夏儿女的壮志。辽河岸边、松花江畔、兴安岭巅……李兆麟和他的战友们，用血肉筑起长城，东北人民在中国共产党的领导下，与侵略者进行着抗争。这是中华民族永远引为自豪的奇迹。正如毛泽东所指出的那样，"东北十四年抗日救国斗争中写下了可歌可泣的诗篇"。

他们是共产党人。为了伟大的神圣的共产主义事业，他们慷慨赴死，从容就义，与武装到牙齿的民族和阶级的敌人肉搏苦战。和亲密战友杨靖宇、周保中一样，李兆麟虽然也在组织上与党中央长期失去联系，但始终高举马列主义的旗帜，通过文件和党报学习毛泽东思想，领会党的路线方针政策，自觉地把毛泽东思想的基本原理贯彻到东北地区的斗争实际中去，制订出符合实际情况的政策策略和工作任务，成为提出以毛泽东著作为指导方针的抗联第一人。耿耿此心，天地可鉴！无愧于共产党人在精神和思想上的奇迹！

这就是李兆麟和他的战友们。历史会永远记住他们，党和人民会永远怀念他们。

东北抗日联军的光辉业绩是永世长存的！

青少年时代

(1910—1931)

→ 家乡和身世

★ ★ ★ ★ ★

（0—6岁）

1910 年 11 月 2 日（农历庚戌年十月初一），李兆麟出生于辽宁省辽阳市灯塔县（今灯塔市）小荣官屯（今后屯）的一户农民家庭。

当李兆麟刚刚来到这个世界上的时候，家里给他起名李超兰，这个名字伴随他度过了在家乡的岁月。在以后的抗日革命斗争中，李兆麟还曾使用过李烈生、孙正宗、张玉华、张寿篯等几个名字。其中张寿篯的使用时间最长、影响最大。

李兆麟的家乡有一座二龙山，这座山由几座起伏的山丘组成，远远望去，很像一只凤凰栖息在那里，东西两面的丘陵，就像凤凰的两个翅膀。据当地民间传说，有一天，忽然从一个翅膀上裂开一条深沟，形成了两个对峙的山头，有如两个龙头相聚，雄伟壮丽，二龙山由此得名。小荣官屯就坐落在山脚下。现存李兆麟故居院内修建正房三间，东西厢房各二间，皆为青砖草舍。院内水井、马棚、石磨一应俱全。

"闯关东"这个特有名词，在东北地区的发展史上具有深远的影响，它使东北同内地的联系更加密切，为中华民族的繁衍和发展贡献了一份力量。李兆麟就是"闯关东"的后裔之一。他家祖籍山东，生活贫苦，清朝中叶期间，李兆麟先祖为寻找一条生路，举家加入了"闯关东"的

人流，历尽旅途艰辛，在辽南地区辽阳落脚，先以租种旗人庄园为生，以后又冒险从事被清王朝严禁的私垦荒地。在这双重劳作之下，家境终于有所改善。

但是，在清王朝和封建军阀的统治下，加之当地恶霸横行乡里、鱼肉百姓。作为一户外来农家，李兆麟家的处境是可想而知的。李兆麟青少年时期，更是亲身感受到了地主土豪的欺压。有一天，他把牛赶到村后的小坡上，自己靠着一棵老杨树读起书来。正看得起劲儿的时候，忽听妈妈在背后喊：“超兰！东土门子的财主把牛给扣下了。”他赶紧向东土门子跑去。到那里一看，牛并没有吃财主家的庄稼，可财主却扣牛不还。李兆麟据理争辩，可得到的却是一顿毒打。晚上，当心急如焚的母亲再次见到自己儿子的时候，李兆麟已是满头伤痕，一个鼻孔里还塞着青叶。母亲看着这一切，一阵心酸，止不住的泪水顺着面颊往下流。从这时起，年幼的李兆麟开始感受到以强凌弱的社会的不公。

好学热心的"小秀才"

（7—17岁）

1916年冬，7岁的李兆麟被家人送进了本村张武亭开设的私塾。从此开始了十年的读书生活。在这十年寒窗之中，李兆麟奠定了启蒙基础。尤其重要的是，在当时新文化运动的历史背景下，李兆麟所学习的内容也是新旧并存。私塾生活使他对博大精深的中国传统文化有了初步了解，新式小学又为李兆麟打开了现代科学文化知识的大门。这对李兆麟的成长来说，无疑是十分重要的。

从私塾到高小，学习地点在变，环境在变，内容也在变。但李兆麟勤奋好学的劲头始终没有变。他以"负薪挂角"、"囊萤映雪"、"头悬梁，锥刺股"的古人为榜样，刻苦勤奋，手不释卷。在吕方寺高小住校读书期间，他不仅平时刻苦用功，甚至星期天也很少回家，常常一个人在宿舍里读书写字，在班级考试中，李兆麟一直名列前茅，为家长和老师所称赞。在学好功课的同时，李兆麟还习练书法、绘画、吹箫、对联等。现在保存在李兆麟故居纪念馆的"禹王治水事迹图"，就是李兆麟根据《淮南子》《荀子》中的记载绘制的大禹治水活动路线图。1926年后，由于家庭变故，李兆麟被迫辍学务农，但仍刻苦自学，手不释卷，阅读了不少史地和文学书籍，知识更加丰富，被乡亲们称为多才多艺的"小秀才"。

△ 李兆麟故居陈列室一角，最上方为李兆麟幼年时代绘制的《禹王治水事迹图》和李兆麟之母杨长秋像。

李兆麟的好学和才华为人称道，他的品行更使人敬重。大禹治水的故事成为他一生为人处世的楷模。一天，吃过晚饭，李兆麟看了一会儿书，忽然抬起头来，对正在灯下做针线活的母亲杨长秋说："妈妈，我给你讲个故事听吧。"说着就讲起了大禹治水的故事，听着儿子绘声绘色的讲述，母亲不知不觉地停下了手里的针线活。见母亲听得入神，李兆麟又拿出"禹王治水事迹图"，给母亲指点着大禹治水的活动路线和重要地点。自信地对母亲说："我将来也要给老百姓办好事！"母亲微笑着赞许地点了点头。杨长秋，这位勤劳、善良、开朗、豁达的农村妇女，为自己有一个立大志的儿子而感到宽慰。

　　李兆麟立志以大禹为榜样，"将来也要给老百姓办好事"，并在力所能及的范围里身体力行。因他书法好，逢年过节，乡亲们总是请他代书春联，他有求必应，直至乡亲们满意为止。他的一位远房寡嫂，母子五人艰难度日。为让他们一家过个好年，李兆麟用自己的压岁钱给她们置办年货，还亲手为她们家画了年画，感动得嫂子热泪盈眶，至今在当地传为佳话。尽管生活拮据、环境闭塞，但李兆麟的远大志向始终没有改变。

今天，面对他当年临摹的雄鹰图和镌刻在书箱上的"运思出奇，横扫千军"八个大字，人们仍然能够感受到他搏击长空的雄心和奋发向上的意志。

在学习阶段的后期，李兆麟越来越深地感受到社会的不公正，并努力寻求改变这种状况。为此，他试图通过法律除暴安良，使乡亲们安居乐业、扬眉吐气。当时，辽阳县里有一位被侄子霸占了土地的妇女急于求助，李兆麟得知后，主动为她写了状子，结果官司打赢了。这使李兆麟对法律更加有了兴趣，他刻苦攻读法律书籍，期望将来能通过法律解决社会的弊端。

1916 年至 1926 年，这是李兆麟求索的十年。好学和热心，这是李兆麟青少年时代的主旋律。

从忧国忧民到投身革命

★★★★★

（18—21岁）

李兆麟的青少年时代，是在中华民族乃至整个世界的剧烈动荡和变革中度过的。在这样的时代背景下，李兆麟艰辛求索，探究真理，从一个忧国忧民的进步青年，逐步成长为共产主义的先锋战士。

李兆麟生活的辽阳古城，和整个中华民族一样，在帝国主义的铁蹄之下呻吟，仅在日俄战争中，当地居民就被打死打伤430人，财产损失折合白银243.88万两。战后，地处东北南部的辽阳又陷入日寇魔爪。甚至在九·一八之前，辽阳就已驻扎了整整一个师团的日军，这个数字几乎占到九·一八前关东军总兵力的一半。尽管年幼的李兆麟在当时不可能明白这一切，但他已经亲眼目睹了家乡遭到侵略者践踏、同胞被外敌奴役的现实，萌发了朴素的爱国意识。

哪里有压迫，哪里就有抗争。深受压迫的辽阳人民站在了反帝反封建的最前线。从太平天国到辛亥革命，辽阳人民多次揭竿而起，同反动腐朽的清王朝进行了英勇斗争。甲午战争中，辽阳民众和清军共同坚守城池，经过大小二十一次战斗，日军始终未能得逞，成为罕见的胜利之役。义和团在辽阳地区发展成员千余人，斗争一年之久。进入新民主主义革命时期，辽阳人民又在中国共产党领导下，开始了新的战斗。1925年五卅运动中，辽阳人民罢课演讲、集会示威、抵制日货。1927年末，中共满洲省临时委员会派两名共产党员到辽阳铁路列车段开展工作，1928年下半年成立中共辽阳区委，组织和领导辽阳人民的革命斗争。

帝国主义的侵略和中国人民的斗争，特别是辽阳地区的五卅运动和大革命浪潮对东北的波及，使年轻的李兆麟受到了革命思想的洗礼和政治上的教育，看到了光明和希望，开始投身于中国革命的行列。1929年秋，李兆麟结识了留日学生、共产党员李秋儒，并在他的影响下成为进步群众，在家乡建立了革命小组。1930 年 4 月，李兆麟因散发革命宣传品被捕，不久因无证据而被释放。

出狱后，李兆麟于 1930 年 7 月第一次离开家乡，随同乡张一吼来到北平。不久加入中国共产主义青年团，被分配到门头沟煤矿工作。经过一年左右工运实践的锻炼，李兆麟的革命信念更加坚定，工作能力有所提高。自 1931 年夏季起，李兆麟又承担起了革命书刊及宣传品的发行工作。他不惧白色恐怖，尽力传播革命真理。有一次，他乘公共汽车运送一箱传单到北平西郊去，路过西直门时，被侦缉队员拦住，然而他却毫不慌张，泰然自若地应付着。当侦缉队员坚持开箱检查时，李兆麟声色俱厉地说："一定要打开看，那你就用刀子挑开看，有违禁品，我就打官司，没有你就得赔我这皮箱。"侦缉队员见状，以为李兆麟有"来头"，立即放行。就此化险为夷。

在北平期间，李兆麟主要从事革命工作，但也十分注重文化和政治学习。当时为工作方便，组织上为他代缴学费，将他送入北京中国大学读书，并以学生身份为掩护。这是一座由孙中山等辛亥革命领导人在 1912 年创办的新式高等学府，校内进步力量较强，教学质量较高，为来自关东乡村的李兆麟打开了一片新天地。在从事革命工作之余，李兆麟刻苦学习，"对于社会科学的理论穷深研究，他认识了马克思列宁主义的学说，确信共产主义是中国应趋向的理想目标"。

1931 年 7 月，经一位姓于的同志介绍，李兆麟光荣地加入了中国共产党，实现了从进步青年到无产阶级先锋队战士的转变。（李兆麟入党时间另有 1932 年 5 月一说，系误传，当以李兆麟自传为准。）

　　然而，这时的李兆麟万万不会想到，仅仅两个月以后，中华民族和中国人民就要遭受亘古未有的奇灾大难，自己的人生也将面临最为艰苦危急的考验……

走向抗日最前线

(1931—1933)

受党委派回乡抗战

1931年9月18日，这是中华民族和中国人民永世铭记的血腥时刻，就在这一天，"北大营的炮火，证实了法西斯化的日本帝国主义者是世界的侵略祸首"（周恩来语）。不甘心做亡国奴的东北人民，在中国共产党领导下，冲破蒋介石集团"不予抵抗，力避冲突"的乱命，奋起保家卫国，开始了不屈的抗争。

国土陷敌手，家乡遭蹂躏。正在北平的李兆麟闻知噩耗，无比震惊和悲愤。他参加了东北民众抗日救国会和"反帝大同盟"，在共青团北平市委宣传部长、"反帝大同盟"北平市执行委员胡乔木的领导下，为抗日救国而奔走呼号。

1931年12月，共青团北平市委和胡乔

木决定派遣李兆麟返回东北组建抗日义勇军，并安排张一吼和共青团员林郁青和他同行。在同林郁青谈话时，胡乔木特别叮嘱："这次先要到李的家乡辽阳，因为李和当地的一些自发的群众武装有联系，我们要打进去，领导他们抗日。"两三天后，胡乔木又根据北平团市委的决定，在张一吼家同李、张、林谈话，指示他们迅速返回东北组建抗日义勇军，并对如何组织群众做了许多具体指示。这次见面时间虽短，但给胡乔木留下了深刻印象。1980 年 6 月 16 日和 1982 年 1 月 15日，胡乔木先后致函东北烈士纪念馆和辽宁省党史编委会，回忆派遣李兆麟等回辽阳组建抗日义勇军的经过。

1931 年年底，李兆麟告别古都北平，满怀抗日救国的豪情壮志，踏上了返回家乡的征程，从此，他在血与火的抗日最前线，开始谱写波澜壮阔的历史篇章。

驰骋辽南大地，
血战奉天古城

★★★★★

（22 岁）

在党组织的安排下，1932 年 2 月 8 日，李兆麟随冯基平（时任中共辽阳县委书记，后任北京市副市长）返回辽阳。这时，辽阳人民已组织了数十支自发的抗日武装。遵照党的指示，李兆麟发挥自己在家乡的影响，积极宣传抗日道理，团结抗日力量。他骑着家里的一匹白马，来往于各路民间武装之中，促进他们的团结。经过李兆麟等的工作，辽阳各抗日武装接受了中国共产党团结抗日的主张，于 1932 年 3 月成立了东北抗日义勇军第二十四路军，全军共三千五百余人，李兆麟任副司令，不久司令苏景阳逃跑投敌，李兆麟主持工作。

自 1932 年 3 月至 7 月，在李兆麟率领下，第二十四路义勇军接连出击，频繁作战，为刚刚出笼的伪满傀儡政权送了"见面礼"，成为辽南抗日斗争的主力军之一，首战歼灭汉奸土匪"洪盛队"三百余人，缴获枪支一百五十余支。辽阳群众莫不拍手称快。

　　紧接着，李兆麟又指挥二十四路义勇军第二支队，活捉了八大矿矿长、曾任日本关东军工兵司令的久留岛。自全歼"洪盛队"后，小堡一带的汉奸亲日派惶惶如惊弓之鸟，其中势力最强的吴国璧部队也开始动摇。吴国璧是半拉山子人，曾在久留岛管辖的鞍山矿充当大把头，在久留岛的扶持下，吴国璧用中国工人的血汗钱买地盖房，修建了阔气的四合院，还组建了一支七十余人的"自卫团"，团丁人手一支"三八大盖"，以充看家护院之用。这在当时的辽阳乡里，堪称"威风凛凛，地动山摇"。自然，他对久留岛的扶持之恩是铭记在心的，但在"洪盛队"的前车之鉴面前，他也不能不三思而后行。李兆麟得知这些情况后，和杨寿天一起来到吴家，以爱国学生的身份，晓以大义，解释利害。吴国璧听后表示愿意参加抗日，并宴请了李、杨二人，事有凑巧，刚吃完饭，吴国璧就接到了铧子矿日本守备队的命令，要他率部到碴子山，配合日本铁道守备队攻打第二十四路义勇军。在这抉择的关键时刻，李兆麟看出了吴国璧正在"脚踩两只船"，于是继续说服，坚定了吴的抗日决心。促使他将部队带到小堡杨寿天家的西院，在这里，李兆麟向吴部全体成员讲话说："我们都是中国人，今天我们国土被日本人占领了，我们拿着枪，应该打谁？"话音未落，全场立即响起一片"应该打日本"的怒喊声。当晚，在李兆麟的率领下，吴部开至二龙山和贵子山，配合义勇军伏击日军守备队，战斗从晚间一直打到拂晓，缴获了两辆炮车和许多枪支弹药。日军逃回后，向久留岛报告了吴部"反叛"之事，久留岛一则不信，二则依仗是吴的多年老友，便只身一人骑马来到吴家，吴国璧见状，当即"热情招待"，将其稳住，同时在吴家埋伏的义勇军立即向李兆麟报告，李兆麟当即会同崔恩甲，率手枪队百余人赶到吴家，将久留岛活捉后押往三家子交群众公审。群众强烈要求严惩久留岛，经党组织反复研究，考虑到日本侵略者必定因处决久留岛而向中国人民进行血腥报复，为保护群众安全和分化瓦解敌人，在久留岛具结"不打义勇军，义勇军要枪给枪，要钱给钱"后，决定将其释放。活捉久留岛，使当地群众亲眼看到日本侵略者的狼狈相，产生了广泛持久的群众影响，至今仍在辽阳群众中流传。

活捉久留岛之后，第二十四路义勇军趁热打铁，又全歼了汉奸地主武装"南大会"。除上述三战三捷之外，李兆麟还曾率部三百余人，将以烟台站（灯塔）为中心、两头分别至十里河和铧子沟沿线的路轨及电线全部破坏，虽因部队不慎暴露而未能颠覆日军军列，但也一度使日军军运处于瘫痪混乱状态。

在李兆麟领导的第二十四路义勇军抗日战绩的鼓舞下，辽阳人民乃至整个辽南地区的抗日斗争呈现出一片风起云涌的大好局面。据奉天日军统计，仅三个月内便与辽阳境内的抗日义勇军作战 43 次。

在李兆麟率领第二十四路义勇军进行的所有战斗中，1932 年 8 月 28 日的沈阳攻城战是影响最大、成果最为显著的一次战斗。沈阳是东北政治中心，也是日本法西斯侵略东北的首脑机关"关东军司令部"所在地。经过多方筹备，第二十一路、二十四路义勇军决定会攻沈阳，由李兆麟协助第二十一路义勇军司令赵殿良指挥战斗。

1932 年 8 月 28 日午夜 12 时，沈阳战斗正式打响。在赵殿良和李兆麟率领下，义勇军战士冒着倾盆大雨，向市区发动猛烈进攻，市区内的义勇军便衣队和反正伪军警也纷起响应。战至 1 时 20 分，第二十四路义勇军部队首先从大南门突入市区，向纵深中街一带扩展，与日军和汉奸商团武装展开激烈巷战，伪警察三分局三十余人反正抗日，余者均被缴械。与此同时，其他各路义勇军也按预定作战任务行动，北路义勇军攻入大北边门，缴获敌枪 700 支，东路义勇军在反正的伪靖安军王营长配合下攻入东塔机场，焚毁全部敌机，随后又攻入并破坏了沈阳兵工厂。日军汽油库和无线电台也被捣毁焚烧。

从 28 日深夜至 29 日凌晨，沈阳市区枪声大作，火光冲天，义勇军各部及便衣队在占领敌重要目标后，均付之一炬。日本侵略者和汉奸魂飞胆破，丑态百出。伪官吏四处逃散，惶惶若丧家之犬，平日耀武扬威的"大日本皇军"，此刻也一片混乱，一度龟缩于南满站（今沈阳南站）一带，漫无目的地施放枪炮，为自己壮胆。29 日凌晨，惊魂稍定的日寇倾巢而出，在装甲车和重炮掩护下向城南、城东疯狂反扑，将义勇军主力隔绝在城外，而这时义勇军城内部队已作战一夜，疲惫不堪，加之市区情况复杂，只能各自为战。在缺乏重武器和众寡悬殊的情况下，根本无法在市内立足，遂且战且退，交替掩护，于 29 日黎明时分撤出沈阳。

"八·二八"战斗持续近十个小时，毙敌三十人左右，争取伪军警近百人反正，其中伪靖安军至少一个排、伪警数十人。政治上的巨大冲击和影响更为深远。战斗结束后仅五天，中共满洲省委就在给中共中央的报告中，记述了"最近几天义勇军在奉天的骚动冲到日本人的飞机场去统统把飞机烧掉了"的事实，并将此作为"反日的民族革命战争猛烈与急剧的发展"、"群众反日的英雄活动，给予帝国主义以有力的回答"的显著证明，《朝日新闻》、路透社等都对"八·二八"沈阳战斗作了报道。甚至双手沾满中国人民鲜血的日本法西斯头目们，在中国人民的愤怒铁拳下也不免惊慌失措。"八·二八"当夜，适逢关东军两任司令官本庄繁和武藤信义都在沈阳，亲眼目睹了义勇军对他们交接的"迎来送往"，深感胆战心惊。"九·一八"罪魁本庄繁于29日仓皇逃离沈阳回国，并在日记中记载："八月二十八日，星期日，雨。土匪袭击飞机场。半夜土匪约百名袭击兵工厂及其他设施，烧毁一部分飞机设施。"1945年日本无条件投降后，本庄繁畏罪自杀，其日记被远东国际军事法庭查获公布，成为"八·二八"沈阳战斗最主要的敌方史料。其影响所及，连日本陆相、后被远东国际军事法庭判处无期徒刑的甲级战犯荒木贞夫在向众议院的报告中，也不得不就"八·二八"沈阳战斗发出"满洲形势十分可虑"的哀鸣。

点燃本溪革命火种，坚持沈阳地下斗争

★★★★★

（22—23 岁）

1932 年 11 月，由于日军的疯狂镇压和汉奸的卑鄙收买，第二十四路义勇军解体。尽管如此，在党组织和冯基平、李兆麟等的领导下，这支部队在敌伪心脏地带坚持斗争八个多月，歼灭日伪军和汉奸土匪武装千余人，发动了辽阳群众抗日斗争，其贡献是巨大的。

1932 年秋，李兆麟来到沈阳，见到了中共中央政治局候补委员、原满洲省委书记罗登贤（1933 年 8 月 29 日在南京雨花台英勇就义）。他负责为李兆麟接转了党的组织关系，指示李兆麟在奉天特委领导下工作。李兆麟向罗登贤汇报了辽阳斗争的情况，并向党组织要求新的战斗任务。鉴于当时工人运动比较薄弱，李兆麟又曾有过一定的工运经验，奉天特委考虑将他派往本溪煤铁公司，发动组织矿工进行抗日斗争。临行前，党组织叮嘱李兆麟："到煤矿可不比在农民中开展斗争，那里的生活条件可艰苦啊！你要做好思想准备。"李兆麟坚定地回答："我一定接受组织上的考验和锻炼。"

在沈阳短暂停留后，李兆麟于11月到达本溪，行前，他向母亲表示了"我是在组织的人，一定要听从组织分配，接受组织上的考验，不能讲条件"的坚定信念。到达本溪后，李兆麟化名孙正宗，当上了"采矿夫"。12月又主持组建了中共本溪工作委员会。

在本溪煤矿，李兆麟平生第一次"舞动了丁字镐，挥起了大铁锹苦干起来。他下过煤洞，他的脸也曾乌黑得像煤黑子一样，只有眼珠发亮。他受过日本监工的气，挨过工头的打，也曾吃过腐面的窝窝头"。这就是"他经历了整个中国煤矿工人悲惨的暗无天日的苦痛生活"的写照，但也正是所有这一切的磨炼，更加坚定了李兆麟的抗日革命决心，更加促使他为推翻人吃人的旧世界而奋斗。

在中共本溪工作委员会的领导下，李兆麟和其他同志一起，利用一切机会深入矿工群众中，宣传"我们不给日本人干活"、"我们不做牛马"的道理，启发工人群众的革命觉悟和抗日斗志，发展了一批党团员。1933年2月，根据奉天特委的指示，中共本溪特别支部在高俭地村正式成立，由李兆麟任书记。经过李兆麟等的努力，组建了近四百人的煤矿工人抗日救国会，发动了反对"把头"克扣工资的斗争，并准备炸毁敌人矿井。

正当本溪工人运动蓬勃发展之际，李兆麟的身体却因长期劳累而垮了下来，他患上了在当时很难医治的肺病，最后竟至吐血。1933年2月，奉天特委将李兆麟调回沈阳治病休养。在本溪大地上，李兆麟总共战斗了近一百天。

天翻地覆，世事沧桑，今天的本溪早已是旧貌换新颜。但本溪人民永远不会忘记，正是李兆麟点燃了本溪的革命火种。2001年6月28日，在中国共产党成立80周年前夕，本溪市党史地方志办公室经周密考证核实，在《辽沈晚报》上撰文确认，李兆麟是本溪第一个共产党员，本溪工委是本溪第一个党的临时组织，本溪特别支部是中国共产党在本溪的第一个支部。

1933年2月春节前的一天,李兆麟离开本溪,乘火车返回沈阳。此后,他一面治病,一面借伪军崔军医的方便,从事伪军兵运工作,经常出入北大营和东山嘴子伪靖安军兵营,结识了一些伪军官兵,向他们宣传抗日救国道理,并把愿意抗日的伪军人员编入秘密小组,准备策动伪军反正哗变。与此同时,他还利用关系,在沈阳兵工厂和肇新窑业公司开展地下工作,建立了青年团小组。5月,奉天特委任命李兆麟为军事委员会干事兼青年士兵委员会负责人。

　　天有不测风云,1933年6月下旬,因叛徒出卖,奉天特委被敌人破坏,特委书记杨一辰和李兆麟的母亲、妹妹、妻子等24位同志被捕入狱,李兆麟的家也被搜查。当时李兆麟正在外面开展工作,并察觉到了接关系的人几天未见面这一异常情况,于是绕道回家,结果发现住所已被日本宪兵队包围,他又立即前往位于铁西兵工厂附近的一个小饭店,那里是地下党的联络站,不料那里也已被敌人破获,所幸已被捕的地下党员不顾个人安危,及时暗示李兆麟火速撤离。也像当年在北平一样,李兆麟不慌不忙,镇定地从敌人眼皮底下闯了过去,到郊外隐蔽了几天。

这时，李兆麟已被叛徒监视，但他仍"继续维持被敌人破坏剩下一点力量，经过四十余日"，直至被满洲省委调往哈尔滨。

1933 年 8 月，李兆麟登上了北去的火车，从此，他在北满大地开始了新的战斗。然而，这也是李兆麟与哺育他的辽沈大地的最后诀别。

北满——新的战场

（1933－1937）

→ 北满抗日斗争的创始人和领导人之一

★★★★★

（23-24岁）

1933年8月，李兆麟来到了哈尔滨。今天，我们已无从得知他踏上这座塞外冰城时的最初感受，但在以后的岁月里，他正是在以哈尔滨为中心的北满大地上从事着"杀敌救国复河山"的伟业，直至最后把热血与忠魂永远留在了松花江畔。

到达哈尔滨的第二天，李兆麟就以化名张玉华来到道外天泰客栈，同满洲省委秘书长冯仲云（后任水电部副部长）接头。9月，满洲省委正式任命李兆麟为军委负责人。

在满洲省委的领导下，李兆麟遵照党中央"一·二六"指示信关于建立东北地区抗日民族统一战线的精神，以省委巡视员身份前往珠河，协助赵尚志、李启东（即潘庆由，朝鲜同志，后牺牲）等组建珠河游击队。从珠河返回后，李兆麟遵照满洲省委指示，在哈尔滨开办干部训练班，后又去海伦、巴彦等地，传达贯彻"一·二六"指示信和满洲省委扩大会议精神，巡视通北至绥化呼海铁路工人工作。

在日本法西斯严密统治下的哈尔滨进行党的教育训练工作，这是极其困难的。为尽可能隐蔽精干，李兆麟承担了班里的全部工作，并时常变换讲课地点。他的坚定信念和幽默谈吐，给学员们留下了深刻印象。在这里第一次见到李兆麟的抗联干部张瑞麟（后任黑龙江省人大常委会副主任），对李兆麟"中等身材，比较魁梧，四方大脸，一副浓眉大眼炯炯有神，说起话来总是面带笑容，使人感到可亲可近"的音容笑貌始终记忆犹新。当时张瑞麟在战斗中的枪伤刚刚愈合，脸上留下了一块伤疤。李兆麟指着伤疤，风趣地说："这次战斗取得了很大胜利吧，你的成绩可不小哇！你看，这不是把勋章都给你挂在脸上了嘛！"话音刚落，屋里的人都不约而同地笑了起来。在李兆麟那里，张瑞麟听了十多次党课，第一次听到了马克思、恩格斯、列宁、斯大林的名字，了解了十月革命和中国革命的历史。在讲课中，李兆麟针对东北抗日斗争的实际，以通俗易懂的方式，着重讲授了党章、地下工作经验、识别奸细特务的方法、交通联络的技术。张瑞麟在回忆录中写道："这段学习虽然时间短暂，却令我终生难以忘怀。李兆麟同志启迪了我对中国共产党及其领导的革命事业的认识，坚定了我对中华民族解放事业必胜的信念，对我从事职业革命活动和抗日武装斗争产生了巨大的影响，使我在漫长的革命斗争中始终能坚持革命立场，克服千难万险，经受住了各种意想不到的考验，始终保持对党和革命事业的忠诚不渝，可以说是李兆麟将军指引我走上了革命道路。"

1934 年 4 月中旬，李兆麟被满洲省委派往珠河游击队任副队长，协助队长赵尚志领导队内党务和政治工作。从这时起直至 1945 年抗战胜利，李兆麟一直使用张寿篯这个名字。

刚刚上队半个月左右，李兆麟就参加了宾州战斗。宾州系哈东重镇、宾县县城，位于珠河县北，日伪军防守极为严密，又有高大城墙为掩护，向来易守难攻。1934 年 2 月间，珠河游击队曾攻打宾州未果。为吸取教训，赵尚志和李兆麟发扬军事民主，组织战士广泛讨论失败原因和攻城战法，经过仔细研究，赵尚志和李兆麟采纳了战士的建议，请老木匠制作了一门土炮。炮身用湿柳木制成，有八尺长，炮口直径一尺多，外面箍五道铁箍，并用铁丝一道道箍上，在炮根部钻上一个小孔，做发射的引信和安药捻的地方。然后又用大木头作了一个炮架，放在车上，外面用红布一蒙，老远看去，真分不清是铁的还是木头的。

带着"重武器"，珠河游击队队员们踏上了二攻宾州的征途。在部队出发之际，李兆麟向大家作了战斗动员，指出："第一次打宾州因为没有重武器，没打进去，这次我们自己做一门大炮，要用它轰开宾州，在战斗打响之后，同志们就向敌人喊话，说我们是带炮来的，他们不投降，就用炮轰。”

1934年5月9日，珠河游击队和义勇军一千六百余人（其中游击队成员一百三十人）分东、西、南三路总攻宾州城。其中南路为主攻方向，由少年先锋队承担，那门木炮也架在这里，直对南门。“火光一闪，一声震天动地的巨响，有碾盘般一条粗大的火龙，啸叫着冲向城门，城门和旁边的碉堡应声而倒，炮发射出的碎铧铁，像冰雹似的向敌人阵地上落下，接着是一阵敌人的惨叫声”。随即，游击队少年战士从缺口冲入城内，在伪警察署里，战士们见到了令人捧腹的一幕：十几个伪警察趴在地上，“个个双手抱着头，屁股撅起老高，浑身不停地抽搐着”，其中一个战战兢兢地指着桌子说了一声：“要爆炸呀！”战士们回头一看，原来桌子上落下了一颗“炮弹”——木炮发射进来的大秤砣，忍不住哄堂大笑。少先队队长陈品一随手将秤砣拨弄到地下，轰隆一声，竟吓得两个伪警察当众哭号，丑态百出。“木炮轰宾州”，果然名不虚传。

宾州战斗持续近一昼夜，歼敌八十人左右并击落敌机一架，而游击队仅损失七人（两人牺牲、四人负伤、一人被俘），战斗最为激烈之际，宾州日伪军竟在一小时内连续七次用电话向哈尔滨求援，足见其惶恐之状。珠河游击队从此声望大振，成为北满抗日斗争的骨干力量。哈东一带群众为之振奋。

宾州战斗结束后不到一个月，6月7日，珠河游击队又在三岔河与敌人进行了激烈战斗，由于敌众我寡，赵尚志率领的部分队伍被敌人包围在"三门王"大院，处境十分危急，李兆麟得知情况后，当即率部队疾驰增援，于次日中午赶到"三门王"大院，从敌人背后发起猛攻。在两面夹击之下，敌军溃退，赵尚志率部成功突围。

三岔河战斗和宾州战斗一起，是珠河游击队成立以来最为激烈的两场战斗，同时更是第一次完全由中国共产党领导下的抗日武装独立进行的战斗。在两天一夜的战斗中，游击队以四人牺牲、三人负伤的代价，歼敌一百二十余人（内毙近六十人）。以实际行动证明了中国共产党领导下的抗日武装的坚定信念和出色战斗力，进一步推动了北满特别是哈东群众的抗日高潮，为组建哈东支队举行了奠基礼。

1934年6月29日，东北反日游击队哈东支队在珠河正式成立，赵尚志任支队司令，李兆麟任代理总政委兼政治部主任。此后，李兆麟和韩光（后任中纪委常务书记）并肩战斗了一年多，给韩光留下了深刻印象。近六十年后，韩光深情回忆老战友说："李兆麟协助赵尚志率领队伍攻城袭镇，开展抗日游击战，为建立和巩固珠河游击根据地做出了重要贡献。我就是在这时和李兆麟相识的。我们曾共同率领部队攻击敌人据点；在部队分散活动重新会合时，我们一起讨论政治形势和军事活动部署，相处得很好……我们在一起的时间虽然不多，但当时他给我的印象，是一个能团结同志和部队，有勇有谋，有独到见解，有文采，政治上较强的好同志。"

哈东支队组建后，李兆麟和赵尚志一起，率第一总队和第二总队一部在珠河铁道北和宾县一带活动，开辟新抗日游击区。9 月 19 日，在赵尚志和李兆麟共同指挥下，哈东支队两个总队约三百人由地方青年反日义勇军配合，攻克五常县要塞五常堡。11 月底，赵尚志在肖田地、太平沟战斗中右手中弹负伤，时任哈东支队政治部宣传科长的李兆麟挺身而出，"配合地方党部支撑珠河、延寿、宾县的活动局面，打击敌人保存实力"，粉碎了日军冬季大"讨伐"。

在参与领导军事斗争的同时，李兆麟的主要精力还是放在思想政治工作和根据地建设上，尤其注重对群众的宣传和组织。在珠河中心县委的领导下，李兆麟和赵一曼等一起，在珠河一带创建了农民委员会、农民自卫队、反日模范队、儿童团、妇女会等群众组织和地方

武装。其成员最多时达近两万人。李兆麟还和
赵一曼一起，大力协助珠河根据地发展文化教
育事业，先后在蜜蜂园子（属珠河县）、老五区
和双城九区板子房南沟开办了一所小学和两所
贫民学校，吸收贫苦农民子女入学，学习文化
和抗日道理，李兆麟、赵一曼等还曾到校视察，
给学生们上政治课和教唱抗日歌曲，深受学生
和家长好评。整个游击区内，敌伪胆寒，土匪
绝迹，加之减租减息和废除苛捐杂税，群众安
居乐业，齐心抗日，坚决拥护共产党，同游击
队结下了鱼水深情。甚至敌伪也不得不发出"珠
河地区有共产王国之感"的哀叹。1949 年新中
国成立前夕拍摄的电影《赵一曼》，就曾真实地
再现了无数动人场景。

奇袭老钱柜，军校奠基人

★★★★★

（26 岁）

在中国共产党的坚强领导下，东北人民自 1935 年起，掀起了轰轰烈烈的抗日斗争新高潮，李兆麟也和他的战友们投入了新的战斗。1936 年 2 月 20 日，东北各抗日武装统一整编为东北抗日联军。3 月中旬，赵尚志率三、六军主力部队三百余人西征，李兆麟留在汤旺河后方根据地，担任三、六军后方留守处主任，肩负起保卫后方根据地的重任。

3 月 19 日至 20 日，在李兆麟的指挥下，抗联部队一举攻克汤旺河根据地内的最后一个敌据点老钱柜。战前，李兆麟召集三、六军留守部队干部开会，向大家说明："这次战斗要连续地攻下敌人几个最后盘踞的据点，彻底消灭武器装备优于我军的顽敌，必须采取远距离奇袭和智擒的战术。希望参战的全体人员服从指挥，发扬我军艰苦奋斗、连续作战的精神，一鼓作气拿下老钱柜。"

一切准备就绪，部队出发了，这是一场罕见的以少胜多的突袭战，袭击目标是汤旺河伪森林警察大队，敌大队长叫于四炮（即于桢），此人和手下森林警察多是猎户出身，枪法准，山路熟，战斗力极强，对我后方构成严重威胁。为此，李兆麟决定采取远距离奇袭和智擒的战术，率领部队出其不意，长途行军300里，如神兵天降，将敌前卫哨、汤旺河警营、敌巡逻队及南思营地的全部伪警俘虏，我军未发一枪、未伤一人，并全部换上敌警服。随后又乘爬犁顺汤旺河冰面急行500里，冒着严寒赶到老钱柜。

3月20日晚9时，战斗打响了。亲身参战的王钧（后任黑龙江省军区副司令）记述了当时的情景：

敌大队长于四炮外出不在，为首的是日本指导官森山大尉。我们冲进屋后，和敌人打交手。森山甩过大烟盘子，欲砸兆麟将军，被将军一枪打落，区委书记一把将森山摔在火红铁炉子上，兆麟将军顺手一枪将其击毙，一日本中尉从墙上抽下一把战刀向我砍来，我抬左臂一挡，手枪一搂火将其击毙，但我的皮大衣、棉袄袖都被砍开了，刀尖将天棚划了个大口子。里屋一个上尉和四个少尉日本指导官冲了出来，一阵震耳欲聋的枪声，四个日本人倒在地下，那个上尉冲到炕上来夺我的枪，正在危急中，一发子弹掠我耳边飞过，将敌上尉脑袋掀去一半，我回头一看，原来是兆麟将军开的枪。

此战击毙七名日本指导官，俘虏了全部森警，缴枪二百多支，子弹三十万发，粮食十多万斤，消除了我军心中之患，以后建立了巩固的后方和联军学校。

老钱柜战斗的胜利，在北满抗日斗争史上具有重要意义，此役完全解放了小兴安岭汤旺河流域，为北满我军建立了巩固的后方基地。在这次战斗的震慑下，加之李兆麟的多方争取，于四炮于4月23日在汤原吉兴沟反正，被俘的伪森警副大队长宋喜斌经改造后也参加了抗联。以后他们一直在艰难困苦中坚持斗争，直至献出宝贵的生命。

老钱柜战斗胜利后，李兆麟以主要精力创办东北民众反日联合军政治军事学校，经多方筹备，政治军事学校于1936年5月开学，首批学员五十余人，赵尚志任校长，李兆麟、侯启刚（1941年牺牲）先后任教育长，实际主持学校工作。在开学典礼上，李兆麟指出："今天我们创办这所学校，就是要为革命战争和根据地建设培养出大批的具有一定政治水平和工作能力的领导干部。这一期学员要学习的内容很多，归纳起来就是要上军事、政治、文化三大课。"这所军校以后曾两度迁址，共存在14个月，为北满抗联培养干部百余人。其中绝大部分为国捐躯，王明贵

1955 年被授予少将军衔。稍后，李兆麟又在汤旺河流域八浪河谷主持创办了联军电信学校，培养了一批无线电专业技术人才，为加强北满抗日部队的联络协同做出了重要贡献。1946 年李兆麟牺牲后，中共哈尔滨市委机关报《哈尔滨日报》在社论《悼张寿篯——李兆麟同志》中写道："尤可敬者将军耐心的教育同志，戎马仓皇中，亲自为教导队授课，十四年如一日，因而鼓励无数忠义爱国的志士，培养了无数可造之英才，为东北人民建树勋功伟业，仍昭昭在目。"

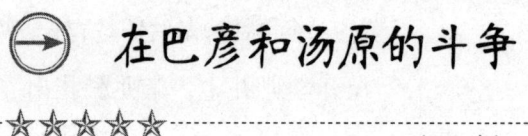

在巴彦和汤原的斗争

★★★★★

（26 岁）

1936 年 7 月至年底，李兆麟受赵尚志委派，去巴彦、木兰地区巡视指导。对于李兆麟来说，巴彦并不陌生。早在 1933 年冬和

1934 年春，他就曾在雷炎（即李辉，1939 年牺牲）的护送下两次来到这里，住在名为"姜家肉铺"的中共巴彦地下交通站西厢房里。在闲谈中，李兆麟向群众进行抗日救国宣传，为了使群众能够接受，他对大家说："最近有人给我介绍了一位能够预示吉凶的老翁，对于世界上四个国家的发展变化，他说了八句话，其中前六句说到的那三个国家的变化，都一个个应验了，后两句话是：'浩劫当头日，俄顷满江红。'这是针对中国讲的。"人们听后纷纷询问这两句话的含义，李兆麟便解释说："'浩劫'即是指我们中国目前正在遭难，受敌人的侵略，'当头日'即是说日本侵略者是罪魁祸首。'俄顷'是指很短的时间，即是说日本对中国的侵略是兔子尾巴长不了，很快就要完蛋，也指的是苏俄要帮助我们打日本。'满江红'即是说中国人民的抗日斗争很快就要取得胜利，穷人的好日子即将来临。"一时间，这两句话和李兆麟的解释不胫而走，鼓舞了巴彦人民的抗日斗志。同时，李兆麟还教群众唱抗日歌曲，几十年后，当年见过李兆麟的群众早已是耄耋之年，但仍能唱出"送郎去当兵，坚决杀敌人，奴隶要前进呀，要前进……"的旋律。也是在这间厢房里，李兆麟主持了巴彦县的建党工作，组建了巴彦特支。今天，在巴彦县城向阳街 78 号，李兆麟当年住过的"姜家肉铺"部分房间尚存，成为历史的见证和纪念。

时隔三年，李兆麟旧地重游。在听完坚持当地斗争的第六团同志的工作汇报后，李兆麟对他们的工作成绩予以充分肯定，鼓励大家说："巴、木、通（通河——引者注）地区，从地理位置上看：南靠松花江，北部又有小兴安岭的支脉，这些天然的屏障和良好的条件，在客观上为我们把这里建成一个新的反日游击区提供了有利的基础。我们要再接再厉，把这里的抗日斗争进一步开展起来。"随后，李兆麟主持将第六团扩编为第六师，任命赵尚志派来的第三军稽查处长张光迪（后任保定军分区司令员、天津军分区司令员）任师长，全师共150人。在此期间，作为六军代政治部主任，李兆麟和军长夏云杰（1936年11月26日牺牲）一起，为巩固和扩大第六军进行了艰苦的工作。经过全体军民的努力，使第六军在1936年内发展到两千余人，令日寇惊惧哀呼："汤原地皮红透了三尺！"

李兆麟主要负责政治工作，但也曾多次带兵作战，在军事斗争中也是出类拔萃的人才。1936年冬，李兆麟在松花江下游福利屯主持抗联第六军军政扩大会议时，得知当地一个绰号"高大冤"的汉奸地主勾结日寇，欺压群众，杀害抗日志士，迫害抗联家属，于是决定利用部队集中的机会消灭这股敌人，为当地群众除去一害。针对"高大冤"盘踞的玻璃岗据点堡垒森严，附近日军守备队又随时可以前来增援的敌情，李兆麟提出"不宜强攻是定了，现在我们的多数战士都还穿着缴伪警察的黄棉衣，我看不如将计就计……"的方法，受到同志们的一致赞同。三天后的拂晓，"玻璃岗屯的西山上响起骤密的枪声，弹雨掀起山头层层雪浪，隐约传来阵阵冲锋的喊杀声。听来战斗很是激烈，完全如同两军在拼杀。时隔不久，枪声冷落下来。在西山山脚处，一支身着伪警服的散乱队伍，有七八十人，拖着枪向玻璃岗奔来。在他们快到屯边时，其后又有一支穿着杂色衣服的部队，紧紧追击着。这一突如其来的阵势，使得玻璃岗的气氛顿时紧张起来。高家院套大门关闭，炮楼、地堡里人影闪动，匆忙准备。'警察们'跑到门下，咚咚地砸着门，上气不接下气地叫道：'我们是集贤的，抗日队上来了，快开门哪！'高家的兵丁看到追兵已近，既信又怕赶忙开门，外面的'警察们'一拥而入。院外，敌人和我们的追赶部队交火了；院内，一个手提匣枪的警察队长模样的人命令道：'帮弟兄们一把！''警察们'立即散开，向各处冲去。瞬间，敌人的枪都哑巴了。高大冤觉得有些不妙，来到'警察队长'面前，惊恐地问：'请问长官大名？'那人把枪对准他的胸口，大声喝道：'我是张寿篯！'……"就这样，战斗胜利结束，活捉"高大冤"，救出了被他抓走的抗联家属，缴获了大量弹药。

加强北满抗联部队思想政治工作

★★★★★

（27岁）

在北满抗日前期的斗争中，李兆麟主要负责思想政治工作，并做出了突出的贡献。他一直注重提高战士们的民族气节和革命觉悟，以通俗易懂的方式，向战士们讲解中国近现代史和中国共产党领导下的革命斗争，特别是用战士们耳闻目睹的九·一八以来的现实，宣传革命道理，指出："中国共产党高举抗日救亡大旗，领导全国劳苦大众，团结一切爱国力量，同心协力，誓把日本鬼子打出中国去"、"我们不仅要赶走日本鬼子，将来还要打倒地主，把田地分给农民。在关内，毛泽东主席正在领导中国工农红军打土豪、分田地，为全中国的农民求翻身解放"。他教育战士："要实现中华民族的彻底解放和完全独立，可不是件容易的事啊！不知要用多长时间才能做到，也不知要有多少英雄豪杰为之流血牺牲才能得到……参加抗日联军就要不怕艰苦，要刻苦学习，练好杀敌本领，为拯救家乡父老兄弟姐妹出火海而去流汗流血，勇敢战斗。"

李兆麟十分注意军民关系。有一次，房东老大爷送给抗联小战士们一碗炒黄豆，战士们又把炒黄豆送给了当时正在这里的李兆麟，李兆麟看着炒黄豆，微笑着对战士们说："应当感谢老乡。不过，我想提个问题，眼下乡亲们也很困难，那么人家给了就应当要吗？"战士们听了李兆麟的话，再看看炒黄豆，一下子明白了，一个胖乎乎的小战士爽快地说："我们违反了群众纪律，不该随便要老百姓的东西。"李兆麟又走过来，拍着小战士的肩头说："这就对了，下次可要注意。"说完，小战士们高高兴兴地把炒黄豆送了回去。在汤原工作期间，李兆麟在军政代表大会和军事大会上提议："由于日伪的反动统治的蹂躏，我们父老乡亲的生活痛苦不堪，现今又面临春耕大忙季节，他们极缺畜力。目前骑兵还不能发挥作用，我们可以把马匹借给乡亲们，等到青纱帐起时，我们再组建骑兵打击敌人。"他的提议受到部队指战员的热烈拥护。之后，经过当地区委和抗日救国会的工作，共有六百多匹马被借到贫苦农民家，对当年春耕生产发挥了重要作用，加强了军政军民关系，推动了根据地建设。

　　李兆麟不仅政治上指导战士成长，还无微不至地关心战士的生活和健康。下面就是抗联战士李东光（后任刘伯承翻译，黑龙江省人大常委）亲眼所见的一幕："有一次，一位姓韩的小战士被草爬虫（一种叮在肉里不撒口的毒虫，形状很像臭虫）把右腿给咬上了。当发现时，它已经吸饱了鲜血，鼓起来的肚皮足有花生仁那么大，有位战友要立即用手把草爬子拽出来，在场的寿筏同志摇着手说：'不行！不行! 赶快点支香来。'接着寿筏同志亲自用点燃的香头去烤草爬子的背部，草爬子受热后便慢慢向后移动，不一会儿，把尖嘴拔了出来，这时寿筏同志捏起草爬子使劲儿地摔在地上，再踏上一只脚，然后对小韩说：'没事了，你放心吧! '接着，寿筏同志又对大家说：'下次，你们如果再被草爬子咬，可别不当回事。草爬子虽小，可它的毒性挺大。它就是俗话说的'只吃不拉'的毒虫，如果用手去拔，它的尖嘴就会断留在人的皮肤里，毒性渗透到全身，直到心脏，甚至有死亡的危险。用微火烤它的背，让它自己把嘴退出来，再弄死它，就安全无事了! '一席话说得大家豁然明了，战友们都异口同声地称赞张寿筏同志是一位文武双全、爱兵如手足的好将军。"

在东北抗日联军中，统战部队占有相当比例，这是东北抗日民族统一战线发展壮大的结果，但也给东北抗联的思想政治工作提出了新的课题。为此，李兆麟作了大量工作，其中最为卓著的是对抗联独立师祁致中（祁明山）部队的工作。祁致中原是一个"闯关东"出身的金矿工人，1933年6月，他组织驼腰子金矿工人起义，全歼日军护矿队，组建了"东北山林义勇军"，在土龙山农民抗日大起义中发挥了重要作用。1934年以后，他主动寻求共产党的领导，在冯仲云和夏云杰的指导下，祁致中加入了中国共产党，所部改编为抗联独立师。1937年5月底6月初，李兆麟来到独立师，同祁致中共同研究解决部队建设任务达十天之久，向他详细讲解了中国共产党的政治主张和抗日救国的道理，教育他怎样建设抗日革命武装并给予实际帮助。在李兆麟的教育指导下，祁致中采取有力措施纯洁队伍，加强部队内党的建设和思想政治工作，他本人和部队的政治素质都有极大提高。在这次视察中，李兆麟还前往祁致中部设在七星砬子的后方基地和兵工厂，亲自试射制造的枪支，赞扬工人的聪明才智和爱国主义精神，鼓励工人继续办好后方工厂，生产出更多的枪支和弹药，为抗日斗争做出更大贡献。经过李兆麟的努力，独立师完成了从民间自发抗日武装到中国共产党领导下的人民军队的转变，后于同年 11 月改编为抗联第十一军，最盛时发展到一千五百余人。祁致中因战功卓著享有"祁老虎"的美誉，冯仲云曾在《星火燎原》中誉之为"工人阶级勇敢的战士，东北人民的抗日虎将"。1939 年 7 月 2 日在黑龙江佛山（今嘉荫）乌拉嘎金矿战斗后被赵尚志等错杀，牺牲时年仅 26 岁。此后，十一军在李景荫（后任双鸭山矿务局局长）、于天放（后任黑龙江省政协副主席）率领下，继续坚持北满抗日斗争，一直战斗到抗战胜利。

配合全国抗战

（1937—1941）

→ 西征——"向抗日的光明处狂奔"

★★★★★

（28 岁）

1937 年"七七"全面抗战爆发后，东北军民响应中国共产党的号召，积极配合全国总抗战，承担着牵制日军兵力、破坏日伪后方基地建设的战略任务。"此阶段的战争是残酷的，地方将遇到严重的破坏。"毛泽东指出的相持阶段的特点，在沦陷最早最久的东北地区，更加迅速而明显地表现了出来。

早在 1937 年底日军仍向关内主战场进行战略进攻之际，"关东军"就以十多万兵力，重点"讨伐"吉东、北满抗联部队活动的松花江下游地区，试图一举"聚歼"。在东条英机提出的既"治标"又"治本"的原则指导下，"治安肃正"空前疯狂和凶残，尤以

"集家并屯"最为毒辣。日伪军所到之处，村庄民房概行付之一炬，居民凡幸免于屠杀血洗者均被赶入俗称"人圈"的"集团部落"，不仅家财洗劫一空，而且一切行动完全处于日伪当局严密监视之中，随时可以以莫须有的罪名遇到飞来横祸，实为名副其实的集中营。仅此一项，即使东北五百万人民身受其害。日本法西斯就是用这种惨无人道的手段，在中国人民的血海中达到其"匪民分离"的目的。

在日本法西斯的疯狂镇压之下，东北抗战进

△《西征》（油画）

入了最困难的时期，面对这一危急局势，北满临时省委决定三、六、九、十一军突围向西北方远征，转移至海伦地区，依托小兴安岭森林，在松嫩平原开展游击战争。

经过一个多月的筹备，自1938年7月起，北满抗联部队分三批开始西征。12月1日上午8时，李兆麟率近三百名战士从宝清后方基地出发，开始了北满抗联的第三次西征。在西征誓师大会上的讲话中，李兆麟充分肯定了战士们的饱满斗志和勇敢作风，教育战士们认清"此次西征将会有光辉的成就和历史意义。它是东北反日战线新的大发展的起点，是为了争取发展与扩大民族革命运动的胜利事业"，增强必胜的信心。

翻越小兴安岭是西征中最为艰苦的一段征程，严寒、饥饿、疲惫，严重威胁着抗联战士的生命。抗联战士们既要经历白天行军中战友被风雪冻亡的不幸，又要承受夜间宿营时同志因过度疲劳烤火不慎被烧死的悲伤。为尽最大可能保护战士，李兆麟把防寒和烤火作为自己工作的重要内容，宿营时总是提醒大家不能离火堆太近，晚上过于寒冷时还不得不把正在熟睡的战士叫醒，让他们活动一下，烤烤火再睡，以免在睡梦中被冻僵。在百里无人烟的林海雪原里，抗战战士们的胡须和眉毛挂满厚厚的冰霜，几乎成了"雪人"，在食不果腹、衣衫褴褛的困境中进行着艰难的跋涉。在吃完随身携带的粮食后，干蘑菇甚至皮带也就成为了抗联战士的"佳肴"。有一天，在第二批西征部队的宿营地里，战士们找到了一些已经发霉的马皮，尽管已是饥肠辘辘，可这些烂马皮的味道却使战士们难以下咽。这时李兆麟鼓励战士们说："同志们，为了抗日，我们必须保住生命。"他和战士们一起吃掉了这些烂马皮。

12 月 29 日下午 2 时，经过 28 天行军，李兆麟率部抵达海伦县白马石密营，与第二批西征部队胜利会师。至此，历时半年的北满抗联西征胜利结束。此后，北满抗联部队依托小兴安岭山麓，在松嫩平原坚持抗日游击战争达五年之久，予日伪反动统治以沉重打击。

1939 年 1 月 2 日，李兆麟率部来到汤原县境老白山密营。第二天拂晓，袭击鹤岗日军仓库的部队也胜利归来，缴获了一批军粮、棉布和棉花。李兆麟得知后十分高兴，指示六军教导队多多考虑十一军战友们衣着单薄的情况，并叫来教导队战士夏风林和李长有，要他们照着样子给大家做棉衣。很快，小战士们就把做好的棉衣送到了李兆麟面前，但李兆麟只是试穿了一下，然后就把尚未穿上棉衣的十一军战士召集到一起说："同志们要自己动手做棉衣，衣服由夏风林、李长有两人给你们已经裁好，不会可以学嘛，由他们俩来教你们怎样做。"在李兆麟的关心和战士们的努力下，两天之后，所有战士都穿上了新棉衣。看着战士们的笑脸，李兆麟更是高兴，叮嘱战士们吃饱睡好，准备继续前进。密营里洋溢着首长和战士们同呼吸、共命运、心连心的和谐气氛。

就在棉衣全部做好的1月6日（农历11月16日）深夜，当战士们"鼻息悠悠地入睡了"之后，李兆麟奋笔疾书，起草了给北满临时省委的报告，陈述了自己关于省委工作的经验教训、下江布置情况及今后工作的意见。下半夜3时左右，在这篇八千字报告的结尾，李兆麟豪迈地写道："我正是无钱、无粮、无干部，过了四个月残酷的斗争生活，今天正是身边一个铜元都花净的日子，革命热情燃烧着我的精神，非常高兴着向抗日的光明处狂奔呢！"这段豪言壮语，也正是李兆麟和他的战友们在漫漫西征路上的真实写照。

身在小兴安岭、松花江畔抗日斗争第一线的李兆麟和他的战友们，始终心向以毛泽东为核心的党中央。在西征路上的风雪里、饥寒中，李兆麟一再鼓励战士："我们每走一步，就离延安和党中央近一步，大家要坚持下去，胜利是属于我们的！"同样，党中央和毛泽东也无时无刻不在挂念着"在最艰难困苦的条件下，同民族死敌作长期斗争的亲爱的同志们"。在西征前夕，1938年11月5日，党的扩大的六届六中全会发出致"东北抗日联军杨司令靖宇"及抗联全体将士和东北同胞的致敬电，高度评价东北抗联是"在冰天雪地与敌周旋七年多的不怕困苦艰难奋斗之模范"。1939年1月26日，毛泽东在中央书记处抗联工作会议上指出："东北义勇军抗战最久，有七年的历史，现在虽只有一万人，但成为很好的基础。现在的问题是使中央同东北抗日联军建立联系，首先派交通员并设法派电台去。东北抗日联军，如果有好的领导，在有山村及反对民族敌人等条件下有发展的可能，否则也有削弱的可能。"虽然李兆麟和他的战友们在当时没有得知党中央和毛泽东的这些评价，但他们以忠于抗日救国的实际行动，以加强党的领导、建立发展根据地和统一战线的卓有成效的努力，奠定了"很好的基础"，无愧于"不怕困苦艰难奋斗之模范"的荣誉。

 ## 沿着毛泽东的道路前进

★★★★★

（28-29岁）

中国共产党是东北人民抗日斗争的领导者，毛泽东思想是东北人民抗日斗争的指导思想。同杨靖宇、周保中一样，李兆麟也是毛泽东思想在东北抗日斗争中的坚定践行者。在学习贯彻党中央精神的过程中，李兆麟还一直强调"要把关内执行工作的经验教训、理论内容与东北每个具体特殊环境溶化起来"。

1937年底，通过中共驻共产国际代表团在巴黎创办的《救国时报》，毛泽东在1937年5月党的全国代表会议（当时称苏区党代表会议）上

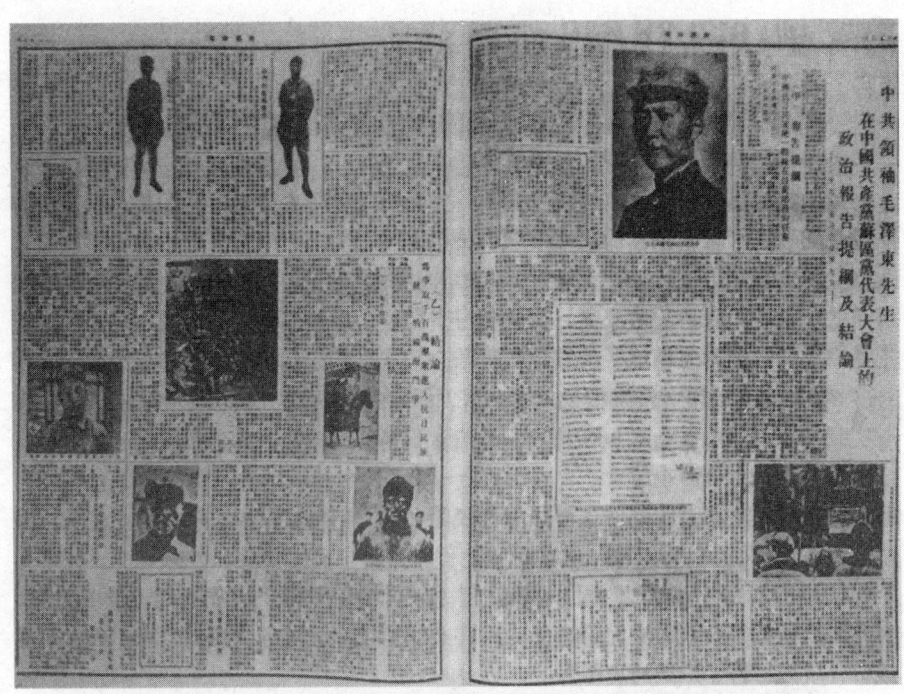

△ 李兆麟和抗联战士学习过的毛泽东著作：《中国共产党在抗日时期的任务》、《为争取千百万群众进入抗日民族统一战线而斗争》（1937年9月18日《救国时报》）。

的报告《中国共产党在抗日时期的任务》和结论《为争取千百万群众进入抗日民族统一战线而斗争》传到了北满，李兆麟认真学习了这两篇著作。1938年2月29日（一说2月9日），李兆麟向北满临时省委递交了著名的二月意见书，指出："毛泽东同志在中共苏区党代表大会上的政治报告提纲及结论，这是我们工作的主要根据。"明确提出以毛泽东著作为指导方针，这在李兆麟是第一次，在东北抗联的历史上也是第一次。1938年党中央六届六中全会（扩大）召开后，李兆麟又认真学习了毛泽东的《论新阶段》报告，把它作为北满抗日斗争的指导思想和制定北满工作政策策略的理论基础。在领导第三路军工作特别是思想政治工作中，李兆麟一直把学习贯彻《论新阶段》置于首位，尤其注重把《论新阶段》贯彻到每个党组织和每支部队中去。

与《论新阶段》传入东北的同时，彭德怀的《游击战术》也传到了北满地区。这篇著作是彭德怀于1936年同斯诺的谈话，是《西行漫记》（即《红星照耀中国》）的第八章第四节。李兆麟以此作为学习毛泽东军事思想的主要教材和北满抗战的军事指导。指出："目前全国抗战的情况之下，又有我们第八路军将领彭德怀同志关于战略与战术的发表，这些文件是包括着苏联游击运动的经验与中国红军几年来游击战术经验的总和，内容是非常丰富。"

作为党中央第一代领导集体中唯一直接领导过抗联斗争的成员，陈云的著作也对北满抗日斗争发挥了不可或缺的指导作用。其中首先是《革命运动的发展和防止奸细的破坏》一文。这篇文章是陈云在担任中共驻共产国际代表和满洲问题委员会委员期间，以"史平"署名发表于《救国时报》的。文中系统总结了土地革命战争时期白区地下党组织的反奸细经验，要求各级党组织和党员在联络不便的情况下，"按着这些由远方来的报纸上的指导方针，独立地去进行革命斗争"，造就能独立工作的出色革命者。1938年2月20日，李兆麟和张兰生联名致函各军负责同志和军师党委，指示要以"史平论文"为根据，进行反对奸细敌探的斗争。在以后长期与党中央失去组织联系的困境中，李兆麟和他的战友们正是根据陈云的指示，以《救国时报》、《新华日报》上"登载指导革命的战略和策略"为指导，自觉遵循以毛泽东为核心的党中央的路线方针政策，领导和坚持北满后期抗日斗争。陈云以化名"廉臣"撰写的第一部长征简史《随军西行见闻录》也对北满抗日斗争产生了巨大影响。1939年6月15日，在李兆麟主持下，东北抗联第三路军训练处发出关于党政工作问题的指示，要求在部队俱乐部（当时又称救国社）内悬挂或张贴毛泽东、朱德、周恩来照片，组织干部战士学习毛泽东的《抗日救国十大纲领》、彭德怀关于游击战争的论述、陈云的《随军西征见闻录》，以红军长征的光荣传统和宝贵经验教育部队。

组建三路军，开展松嫩平原游击战

★★★★★
（29—30岁）

1939年5月30日，根据中共北满省委的决定，东北抗日联军第三路军在黑龙江省德都县（今五大连池市）朝阳山后方基地正式宣布成立，李兆麟任总指挥，冯仲云、金策（中共北满省委书记，朝鲜劳动党中央政治局委员、内阁副首相）先后任总政委，许亨植任总参谋长。在就职誓词中，李兆麟指出："寿筵愿以高度之革命热诚，忠贞不移之魄力，效命祖国，矢竭愚忱。"

第三路军成立时，正值日寇在诺门槛入侵蒙古人民共和国并向苏军挑衅。李兆麟立即指挥部队突入敌人腹地，展开平原游击战争，连续袭击龙镇、嫩江两个飞机场，截断日军运输线，炸毁敌机十余架，以实际行动支援了苏蒙人民的反法西斯斗争。在战斗中，抗联部队缴获大批军服和枪支，后勤补给有所改善。

1939年9月18日，在"九·一八"八周年之际，李兆麟派冯治纲（1940年牺牲）率领第二支队，攻克北满重镇讷河县城。10月中旬，李兆麟亲率军部教导队来到讷河孔国乡哈里屯，住在当地大地主纪凤楼为种地时临时雇工干活而建的纪家窝棚里。在这里，他向四家地主和窝棚里的长工们讲话说："我们这个部队在今天就是专门打日本鬼子，或投向日本的卖国贼、汉奸、恶霸和走狗，为国除敌，为民除害。一切爱国的人民和群众，都有义务来参加和支援人民自己的部队——东北抗日联军。"限定四家地主在半个月内为抗联部队筹集冬装。会后，四家地主在规定时间内完成了任务。在这里，李兆麟和在其他地区一样，向群众进行宣传讲演，率领战士帮助群众料理农活和家务。在李兆麟的率先垂范下，讷河地区呈现出一片军民鱼水情的和谐景象，组建了中共讷河县委和有八十多名群众参加的抗日组织，极大地扩大了抗联部队的政治影响和群众基础。1946年李兆麟牺牲后，讷河人民特将哈里屯改名为兆麟村，以志永远纪念。

李兆麟和他的战友们用西征的胜利迎来了1939年，又用松嫩平原游击战的战果送走了1939年。在这一年中，抗联战士们和以往一样，在血战中实践着"以最后一滴血，报答阶级、民族与全国人民"的坚定誓言，以坚定意志承受着"吃橡子好像吃大米饭似的，便成为我们最好的粮食了"的艰难困苦。由于长期艰苦的战斗和恶劣的生活条件，不到30岁的李兆麟已是"头发日益脱落，面纹逐渐苍老"。

但是，李兆麟和他的战友们的血汗，终究浇灌出了灿烂的胜利之花。据日本关东军宪兵司令部统计，仅在伪北安省（今黑龙江省一部分）内，日伪军警1939年6月至12月共与抗联第三路军作战236次，死伤103人，损失步枪36支及子弹16488发、手枪18支及子弹736发、轻机枪2挺及子弹700发，仅讷河县城和北黑线（北安至黑河）两次战斗，就造成日寇经济损失25.7万元。

面对如此"皇军赫赫战果"，日本关东军宪兵司令部也只好这样总结：

东北抗日联军第三路军匪帮从赵尚志入苏后，由张寿篯等分别就任总指挥、总参谋长，迄今仍在领导属下各军匪……以历史上共产主义意识最为浓厚之骨干部队第三军及第六军为中心，反而得以加强和巩固团结……在北安省内之西进匪帮益愈恣意凶暴，不仅止于袭击警备力量薄弱之部落等，居然敢于袭击县城、北黑线列车、车站等，匪势日益猖獗。

1940 年 4 月，李兆麟和冯仲云在海伦地区后方基地会面，认真学习了《论持久战》，部署了部队整编工作。此后，三路军继续在黑龙江省北部十余个县境内坚持游击战争，先后开辟朝阳山、阿荣镇、甘南等游击区。9 月 25 日，在冯仲云和王明贵指挥下，抗联部队仅用一个多小时，即攻克了伪满吹嘘的"铁打的克山县"。11 月 8 日，按照李兆麟的部署，三路军第十二支队在徐泽民（1940 年牺牲）指挥下攻克肇源，三肇（肇州、肇源、肇东）地区的抗日烽火随之熊熊燃烧。截至 1940 年底，仅在李兆麟统一部署和直接指挥下的龙南地区，即作战 300 余次，活动于 17 个县区，攻克讷河、克山等 27 处城镇，袭击日军火车站 5 处、机场 1 处、准军事组织"移民团义勇队训练所" 5 处，颠覆日军军列 2 次，毙日伪军 500 余人（内日军占 80%，伤者不计），俘敌 1557 人，缴获机枪 7 挺、迫击炮 4 门、手枪 210 支、步枪 1251 支。

最严峻的考验——从朝阳山到南北河

★★★★★

（30岁）

　　在 14 年悲壮惨烈的东北抗日战争期间，李兆麟和他的战友们一样，经历过无数的生死考验和饥寒折磨。其中最为严峻的，莫过于 1940 年朝阳山战斗和 50 天断粮这两次。

　　1940 年 7 月 19 日，抗联第三路军总指挥部所在地朝阳山被敌包围突袭，仅有二十人左右的第三路军总指挥部教导队英勇无畏，以血肉之躯与数倍于己的日伪军展开了殊死搏斗，尽最大努力迟滞敌人的进攻，掩护总指挥部撤退。李兆麟和中共北满省委委员张兰生也拿起武器，和战士们一起向敌人射去仇恨的子弹。三支队政委赵敬夫率领小部队掩护李兆麟和总部其他人员撤退。途中敌弹飞来，将李兆麟的背囊打穿，幸未伤及身体。警卫员建议他弯腰行进以缩小目标，李兆麟风趣地回答："活了三十多岁的人还弯着腰跑。"在赵敬夫掩护下，李兆麟和十名教导队战士突出重围。

在朝阳山战斗中，抗联战士粉碎了日伪妄图将第三路军总指挥部"一网打尽"的阴谋。击毙伪森林警察大队长董连科等数十名敌军，但抗联也付出了张兰生、崔清秀（第三路军总指挥部机要秘书兼电台台长，朝鲜同志，《冯仲云传》中作崔清洙）、赵敬夫等十位同志牺牲的代价。在追悼会上，冯仲云向烈士们敬献了"为民族生存，数载苦斗，忠魂长绕朝阳岭；求国家独立，千里转战，热血洒遍嫩江畔"的手书挽联。此后，李兆麟率总指挥部人员转移至德都东部的土鲁木河流域，以海伦东山里八道林子为后方基地，继续领导北满地区的抗日斗争。

枪林弹雨的生死考验固然是家常便饭，饥饿寒冷的威胁折磨也不亚于此。就在朝阳山战斗后不久，李兆麟又和战友们一起经受了50天断粮的煎熬。这时，李兆麟正率第三路军总指挥部活动于通北县南北河一带。存粮很快就吃完了，大家只好把尚未成熟的青玉米棒压碎后用水冲了喝，但也只是维持了几天。于是，李兆麟带领着战友们，支撑起虚弱无力的身躯，在深山里挖野菜、拣榛子、采蘑菇和葡萄来充饥。这时已进入8月，东北山区寒意渐浓，野菜数量本已不多，再经几天采摘，更难满足大家的需要。饥饿，已经成为李兆麟和他的战友们面临的最严重最现实的威胁。包括李兆麟在内的许多同志已经虚弱到了爬不起来的程度。

但是，饥饿只能毁伤肉体，却绝不能摧垮共产党员和抗联战士的意志。在这最困难的时刻，李兆麟以"我们宁肯饿死，也要忠于自己的祖国和人民，绝不能动摇我们抗日到底的信念"的微弱声音，烧旺战士心头的火焰，和大家一起畅想着山河重光后的幸福远景，同时也做好了最坏的准备："我们就是饿死也没有什么了不起，我们就是饿死也不愧为中华民族的好儿女。"

在李兆麟的鼓舞下，抗联战士以坚定的革命意志和深厚的战友情谊，顽强地同饥饿进行斗争。特别是那些耐力强于男同志的女同志，每天都坚持出去寻找食物，不管如何饥饿，她们没有一个人把食物塞进自己的嘴里，全部带回来交给李兆麟分配。而李兆麟在分配食物时，总是先满足伤病员的需要，然后是体弱的战士和女同志，最后把最少的一份留给自己。同志们又怎能忍心让敬爱的总指挥挨饿，总是把自己的一份再留给李兆麟一些，但李兆麟总是把它退还给战士们，说："你们到外边活动应当多吃点儿，我在驻地活动少，应当少吃。"这时，李兆麟夫人金伯文已经怀孕，但仍然坚持和大家一起出去寻找食物。在分配食物时，李兆麟没有给予金伯文以任何特殊照顾，但在自己那一份食物中，无论怎样少得可怜，李兆麟仍然要给金伯文单开一份"小灶"。对战友，对亲人，李兆麟始终是这样坚持原则，又是这样情深似海。

就这样，李兆麟和他的战友们团结一致，挺过了50天的煎熬，坚持到了交通员和三支队送来粮食的时刻。这时，李兆麟已饿得说话声音都很小了，但他的第一句话却是："部队都好吧？"在场的指战员全都流下了热泪。见到粮食，李兆麟既为大家可以吃到饱饭而欣慰，又担心饥饿至极的同志们暴饮暴食。于是他亲自监督大家先喝稀米汤，然后才慢慢地增加食量。终于渡过了这次难关。

➜ 文采飞扬

★★★★★ 　　　　　　　　（27—29岁）

　　在东北抗日斗争中，李兆麟表现了卓越的政治军事才能，同时也充分展现了自己的文学风采，以质朴的文字倾诉着抗日战士的真情实感，谱写了东北人民 14 年抗日斗争的最强音。

　　《露营之歌》是李兆麟的代表作，也是抗联战斗生活的写照，受到战友们的热烈欢迎，早在 1937 年就已经流传到整个东北地区：

　　铁岭绝岩，林木丛生，暴雨狂风，荒原水畔战马鸣。围火齐团结，普照满天红，同志们！锐志哪怕松江晚浪升！起来哟！果敢冲锋！逐日寇，复东北，天破晓，光华万丈涌！

　　浓荫蔽天，野雾弥漫，湿云低暗，足溃汗滴气喘难。烟火冲空起，蚊吮血透衫，兄弟们！

镜泊瀑泉唤醒午梦酣。携手吧！共赴国难，振长缨，缚强奴，山河变，万里息烽烟。

荒田遍野，白露横天，野火熊熊，敌垒频惊马不前。草枯金风疾，霜沾火不燃，战士们！热忱踏破兴安万重山！奋斗呀！重任在肩，突封锁，破重围，曙光至，黑暗一扫光。

朔风怒吼，大雪飞扬，征马踟蹰，冷风侵人夜难眠。火烤胸前暖，风吹背后寒，壮士们！精诚奋发横扫嫩江原！伟志兮！何能消灭，全民族，各阶级，团结起，夺回我河山。

1939年5月30日，东北抗日联军第三路军正式成立，北满抗日斗争进入新的发展阶段。在这一激动人心的时刻，李兆麟激情难抑，欣然命笔，写下了《第三路军成立纪念歌》：

绚烂神州地，白山黑水间。八载余，强敌嚣张，铁蹄肆踏践。中华民族遭蹂躏，惨痛何堪言！骨露原野，血染白山巅。义愤填胸，揭竿齐向前。誓驱倭寇，团结赴国难。民族自救抗日军，铁血壮志坚，杀敌救国复河山。

驰骋吉黑边，横扫哈东南。军威远，松江动荡，兴安亦震撼。冰天雪地朔风吼，夜雨复霜天。救亡壮志，永矢兮弗谖！鼓角乍鸣，将士各争先。杀声四起，敌寇心胆寒。六载于兹未稍懈，孤军喋血战，伟哉豪气长虹贯！

机动游击战，突破嫩江原，貔貅健，长驱挺进，到处得声援。反日怒潮澎湃起，爆发指顾间。响应我党全民总抗战，消灭日贼走狗与汉奸。精诚团结，粉碎封锁线。救国重任万众担，势急不容缓，国耻血债血来还。

举国鼎沸兮，全民总抗战。烈焰炽，战争烽火，燃烧遍中原。东北抗联齐奋斗，统一指挥建，三路军成立军民齐腾欢。厉兵秣马，慷慨赴火线，果敢冲锋，寇氛一扫完，民族革命成功日，红旗光灿烂，高歌欢唱奏凯旋。

《东北抗日联军第三路军军人十大要义歌》是李兆麟以"三大纪律，八项注意"为基础写出的，通俗而简明地阐述了抗联部队的基本纪律要求：

救危亡，神圣天职，以身殉国，誓死抗日。我军人第一要义。

万众一心，坚如铁石，精诚团结，友爱朴实。我军人第二要义。

舍身为群，忠贞坚毅，服从指挥，遵守纪律。我军人第三要义。

英勇杀敌，流血不惜，临阵争光，死不逃避。我军人第四要义。

全军耳目，卫兵所系，戒备机警，保守秘密。我军人第五要义。

枪械弹药，生命相辅，注重武装，爱惜公物。我军人第六要义。

抗日联军，人民代表，爱惜民众，不犯秋毫。

我军人第七要义。

积极上进，遵守职责，热心学习，谨守军礼。我军人第八要义。

公正自爱，不避艰险，行动纯洁，劳动勤勉。我军人第九要义。

起居谨慎，饮食清洁，讲求卫生，衣物整洁。我军人第十要义。

正如《救国时报》曾赞誉的，"我义军不仅为民族战士,亦民族文豪也"。李兆麟的三篇遗作，正是抗联文化百花园中一朵灿烂夺目的奇葩。

野营整训，红旗不倒

（1941—1945）

在东北坚持小部队活动

（30—32岁）

1940年11月底至1941年3月，李兆麟前往苏联，在伯力与第二路军总指挥周保中等抗联将领集会，从东北敌强我弱的实际情况出发，确定采取主力隐蔽整训、开展小部队活动的斗争策略。会议结束后，李兆麟率领刘铁石（后任吉林省地质局局长）等两位电台报务员，护送两部无线电台，越过中苏边境，回到黑龙江省佛山县。在张祥（后任大连海军学校校长）等几位战士的护送下，到绥棱县东去找第三路军总指挥部。

连同李兆麟本人在内，小部队总人数不到十人，但携带的各种物件却有许多。因路途较远，每人除一支驳壳枪外，还必须携带二十天到一个月的粮食，部队还携带了一挺近 12 公斤重的日本歪把子机枪和 500 发子弹。更有"重中之重"的两部电台和数块形如方砖、每块重十几斤的干电池。所有这些东西加在大家身上，每个人负担是够重的。仅张祥一个人就背负了 50 多公斤，李兆麟和其他力气小的战士也是浑身"披挂"。

深山密林里的行军是极为艰难的。虽说已经立春，但北国的春天仍然是漫天冰雪，大家只能靠滑雪板行进，在灌木丛生、山势陡峭的大林区里，不知要跌多少跟斗。这样走了半个月才到汤旺河。路程才走了三分之一，粮食可已经吃了过半。于是李兆麟决定，自即日起每人每顿只能吃三小勺炒面。面对漂流着冰排的汤旺河，李兆麟和战友们不畏严寒，涉水过河。"刚走出几步，水深就到了腰部，双腿被冰水冻得麻木了，我们互相搀扶，艰难地前进，终于上了河的西岸"。

道路越来越难走，粮食却越来越少。三小勺炒面变成了两小勺、一小勺。李兆麟的圆方形大脸盘也瘦成了细长脸，但他仍和大家一样，每餐一勺炒面，大家一致请求他多吃一点，说："首长比我们年纪大，顶不住，饿坏了首长对革命不利。"李兆麟笑着回答："人瘦走起来轻快，年纪大骨头硬应该少吃些，同时我早已宣布过谁也不能例外。"他仍旧和战士们一道同甘共苦。有一天，张祥打死了一只狍子，大家吃了几天狍子肉，然后还是用一勺炒面和白雪来糊弄肚皮。这时，李兆麟突然对大家说："今天我请客! 吃的是上海大馆子里都吃不到的好饭菜。"一会儿，谜底揭开了，就是水煮狍子皮加炒面。看着狼吞虎咽的战士们，李兆麟的眼睛里闪动着泪花：多么坚强的抗联战士啊，一个个都是钢筋铁骨的人，压不弯，饿不死，拖不垮。

经过四十多天的艰难行军，李兆麟回到了第三路军总指挥部。在 1941 年苏德战争爆发、日军在东北驻扎 70 万重兵和 600 架飞机的严峻形势下，李兆麟仍指挥第三路军部队化整为零，与日寇作战 116 次，一度突入哈尔滨近郊双城，震撼了哈尔滨，并发展了地方党和群众组织，开展了伪军工作。日伪当局在《康德八年度治安肃正计划书》中自供："现在在北安省盘踞最有力的共产匪团，当推张寿篯所率领的抗联第三路军系共产匪了……此等匪团富于实战经验，行动执拗果敢。"

遵照中共北满省委的决定，第三路军主力由李兆麟等率领入苏整训。1941 年 11 月中下旬，李兆麟等相继从萝北、乌云、黑河等处越境入苏。此后，李兆麟仍继续关注北满前线。留守部队在金策和许亨植率领下，继续与日伪军作战。仅在 1942 年中即进行战斗和侦察 101 次，令关东军宪兵司令部哀叹："本地区依然为全满治安情况最坏地区。"许亨植等干部战士在战斗中壮烈牺牲，于天放在被日寇执行死刑前夕越狱"牢门脱险"，一直坚持到抗战胜利。

协助周保中领导抗联整风和组建教导旅

★★★★★

（32岁）

　　抗联主力入苏整训后，周保中主持整个抗联部队的全局工作。李兆麟除继续指挥北满斗争外，以主要精力协助周保中，领导抗联部队思想政治工作。这时，全党规模的整风运动已经展开，东北党组织和抗日联军尽管早已与党中央失去组织联系，但通过《新华日报》仍然得到了一定数量的整风文献，并自觉贯彻党中央的统一部署，在周保中领导下，开始了东北党组织和抗日联军的整风学习。和全党一样，最终站在了毛泽东思想的旗帜下。在抗联整风运动中，周保中和李兆麟深入学习了由王稼祥、王若飞起草的《中央关于增强党性的决定》和《解放日报》、《新华日报》社论《加强党性的锻炼》，坚持"独立工作区域领导人员，特别注意在今天比任何时候更需要相信与服从中央的领导"的原则，初步总结了东北抗日斗争的经验教训。

1942年8月1日，东北抗联教导旅正式成立，对外使用苏军远东红旗军独立第八十八旅的番号。周保中任旅长，李兆麟任政委。1943年后，因苏军实行一长制，各级政委改任政治副职，李兆麟改任抗联教导旅政治副旅长。9月13日，抗联党员大会选举产生了中共东北党委员会，周保中、李兆麟等13人当选为委员。

▽1943年10月15日，东北抗联教导旅部分主要干部合影。第一排自左至右：巴达维（苏联副旅长）、李兆麟、王一知、周保中、金日成、什林斯基（苏联副旅长）。第二排自左至右：张光迪、冯仲云、王明贵、王效明、崔庸健、彭施鲁。

在抗联教导旅时期，李兆麟努力把实事求是的思想路线贯彻到东北斗争中去。1942年6月25日，李兆麟致函金策和许亨植，指出："'没有调查，没有发言权，党的政策决定是根据周围环境详细情形来决定的。特别是在战争环境中，尤其要详密地明了和研究组织敌友我三方面的情况'的指示，我们必须执行。目前东北的情形下，我们对于多年侵占东北领土的全部情形，必须采取各式各样的方法随时随地加以详细侦察和研究，这是东北党组织和党同志斗争任务之一。应当将每个地方党组织改为群众运动与侦察工作二位一体的斗争组织。每个游击队目前必须把坚持发展秘密抗日群众组织，特别是武装组织，来繁殖游击战争的任务，与积极进行侦察工作的任务紧密联系起来。"在这一思想的指导下，抗联同志舍生忘死，多方侦察东北日伪军事设施、敌伪动向、社会情况等，为1945年苏军挺进东北消灭日寇作了充分而有效的准备。在苏联对日宣战前夕，苏军远东军将抗联小分队长期侦察积累的资料编撰为《日本关东军在满洲地区防御部署手册》，发给连以上军官人手一册，对苏军知己知彼、速战速决发挥了重要作用。

在抗联整风运动中，李兆麟认真反思自己在革命工作中的是非得失，努力提高党性修养和工作能力。1942年9月10日，他撰写了三千五百多字的《张寿篯独立活动经过（履历自传）》一文，对自己的失误作了严格的自我批评。最后总结说："总之，我厉行革命工作已经十余年，无论在秘密工作中和游击斗争中，

△ 1943年李兆麟与夫人金伯文及儿子摄于伯力

都犯过错误，受过党六次警告，二次严重警告，都是政治上的错误。但未发生过任何动摇，在任何艰巨环境中，都保持自己积极忠实去实现党的指示和命令的原则。"

文字记载了李兆麟的深刻自省，实践证明了李兆麟的严格自律。在野营期间，李兆麟仍始终不改对祖国的忠诚。对同志和战友的深情。王钧回忆说："1942年我负重伤，住在苏联境内的后方医院治疗，历经两年半而不愈，苏军医生决定截肢，李兆麟将军闻讯坚决不同意，他说：'这位同志很能打仗，他打游击不能没有腿！要想尽办法保住！'这期间，将军多次来信鼓励我安心治疗。我出院回到抗联教导旅医院时，将军带着罐头来看我，后来听说，这罐头是组织上给兆麟夫人生孩子准备的，他就是这样关心一名即将残废的战士的。"

"高歌欢唱庆凯旋"

★★★★☆

（35 岁）

熬过了 14 年的血雨腥风，经受了 14 年的惨烈悲壮。东北人民的英勇抗战，同整个中国人民抗日战争和世界反法西斯战争一起，迈进了胜利的 1945 年。在对日寇最后一战的前夕，李兆麟遵照党的"七大"精神，协助周保中进行战前准备，激励全体同志共同准备投身光复国土的总决战。特别是进入 7 月以后，为确保初战胜利，抗联教导旅选派部分战士，分别承担预先潜回东北敌后和为苏军一线部队服务的任务。李兆麟负责具体安排，他全力以赴，良好地完成了这一任务。鉴于斗争形势的需要，中共东北党委员会决定抗联教导旅主要领导同志在参加反攻东北时一律使用化名，张寿篯因此更名为李兆麟。

△ 李兆麟荣获的苏联红旗勋章

1945年8月8日，苏联对日宣战。9日零时起，百万苏联红军兵分三路，向日本关东军发起全面进攻，以摧枯拉朽之势长驱直入东北。东北抗联和八路军、新四军一起，响应毛泽东和朱德的号召，开始了战略反攻，东北人民也纷纷揭竿而起。仅在8月13日至20日一周之内，牡丹江海林县沙虎南沟一带的抗联小部队和群众就击毙日寇二百余人。

在中国人民、苏联人民和世界反法西斯力量的共同打击下，日本法西斯被迫于8月15日宣布无条件投降，9月2日正式在投降书上签字。经过14年的艰难苦斗，李兆麟终于和全国人民一起，迎来了"民族革命成功日，红旗光灿烂，高歌欢唱奏凯旋"的那一天。

和平民主战士

(1945—1946)

→ 为建立巩固的东北根据地而斗争

★★★★★

（35 岁）

1945 年 9 月 5 日，李兆麟根据中共东北党委员会的决定，率百余名抗联干部随苏军经绥芬河、牡丹江进驻哈尔滨，担任苏军哈尔滨卫戍司令部副司令。从这天起，为争取和平民主、捍卫和建设人民东北，李兆麟在哈尔滨战斗了 192 天。

当李兆麟重新踏上他浴血奋战过的东北大地时，呈现在他眼前的是一幅纷繁复杂的政治图景。日寇伪满的残余分子仍在进行垂死挣扎，并通过各种方式投靠蒋介石集团，以便在新主子的庇护下继续欺压盘剥东北人民。国民党蒋介石集团继拱手将东北出卖给日寇之后，又在美国帮助下加紧以汉奸土匪为前驱抢夺东北。对此，领导东北人民抗日斗争14年的中国共产党敏锐把握有利时机，派遣两万多名干部和十万关内主力部队挺进东北。

作为东北抗联特别是北满地区主要领导人，李兆麟十分注重建立和发展人民武装，于10月14日组建了一支由党领导的哈尔滨保安总队，该部以后发展到五千多人，奠定了哈尔滨市人民武装的基础。经整训巩固后成为黑龙江省我军部队的一部分。在此期间，李兆麟还利用自己身任副省长的有利条件，将国民党反动派在哈尔滨市道外区拼凑的"滨江省保安总队"缴械。在领导抗联干部开展建军工作的同时，李兆麟还积极协助关内干部的建军努力。截至1945年12月，北满地区（当时划分为松江、合江、黑龙江、嫩江四省）已发展新部队25300余人，并有轻重机枪200挺。在关内主力部队的指导训练下，这些部队的政治觉悟和战斗力日益增强，在东北解放战争中发挥了重要作用。李兆麟还以中苏友协会长身份，发动哈尔滨各界人士为北满我军募捐，并派人专程将捐款送给了正在剿匪的三五九旅和其他部队，为北满我军提供了宝贵的后勤支援。

通过多年思想政治工作的实践，李兆麟对宣

传舆论极为重视。他指示哈尔滨广播电台连续播出《论持久战》、《新民主主义论》、《论联合政府》，向在敌伪统治下与内地隔绝14年的东北特别是北满人民宣传毛泽东思想，宣传中国共产党的抗战功绩和路线方针政策。主持创办了中苏友协机关报《北光日报》，指示要重视杂志、翻译、戏剧、音乐等文化部门的工作，建立出版事务局，开展群众性文化活动。采取迂回方式，揭露国民党反动派卖国、独裁、内战的真面目，宣传中国共产党和平、民主、团结的政治主张，宣传苏联社会主义建设及抗击法西斯侵略的成就，在哈尔滨人民中产生了良好的影响。

按照中共东北党委员会和抗联教导旅的部署，建党工作是抗联配合苏军反攻、为建立东北根据地担任先遣的重要任务。进入哈尔滨后，李兆麟立即组建了中共松江地区委员会，并与关内党组织组建的"中共哈尔滨工作委员会"和由出狱同志组建的"中共北满临时省委"两个地下党组织取得联系，在党中央精神指导下，实现了哈尔滨市中共党组织力量的集中和步调的统一。

在哈尔滨工作的最初两个半月中，在关内主力部队和干部尚未大批到达北满的情况下，李兆麟以坚定的革命信念和卓越的工作能力，主动应对错综复杂的政治形势，以哈尔滨地区为中心，开展北满地区的建党、建军、建政工作，迅速打开了局面，为主力部队和干部挺进北满奠定了基础，为建立巩固的东北根据地作出了重要贡献。

团结一切可以团结的力量

★★★★★

（35–36 岁）

面对国民党反动派卖国、内战、独裁的阴谋，李兆麟坚决执行党中央的指示，以哈尔滨为中心，团结一切爱国民主力量，建立争取和平民主的统一战线，为拓展中国共产党在北满地区的群众基础作出了重要贡献。

当时，哈尔滨是北满地区的政治经济文化中心，是一座拥有 70 万人口的国际化大都市，社会结构和状况极为复杂。李兆麟进入哈尔滨后，在苏军军事管制时期的滨江省（后改松江省，1954 年并入黑龙江省）政府副省长的岗位上工作了 87 天。此后，他作为中国共产党在哈尔滨唯一公开活动的代表，以中苏友协会长的身份，进行了广泛深入的群众工作和统战工作。

14 年英勇抗战的功勋，使李兆麟在北满特别是哈尔滨人民心目中享有崇高威望。在哈尔滨期间，曾多次出现"各族人民都列队欢迎他，甚至于有跑来抱头痛哭的。他们认为李兆麟这次再出现在他们的面前，是安慰了他们很久的怀念，并感到他的确是他们的有血肉联系的领袖"（冯仲云语）的感人场景。李兆麟也把联系群众作为工作重点，抓住一切机会与群众接触，了解他们

△ 1945年抗战胜利后，李兆麟在哈尔滨八区广场群众大会上演说。

的疾苦，在力所能及的情况下解决他们的困难，向他们宣传中国共产党的路线方针政策，继续履行着自己幼时立下的"要给老百姓办好事"的誓言。他的绝大部分时间都花在与群众的接触上。正如《解放日报》所记载的："李兆麟将军是人民热爱的领袖，人民离不开他，人民不会驱逐他，他是中苏友好协会的会长，他是嫩江省（应为松江省——引者注）的主席，他是人民的一颗心。"

在当时的历史条件下，群众大会是接触、教育群众的主要途径之一，李兆麟曾多次出席哈尔滨各界群众的集会，即使在国民党特务和汉奸土匪已在策划暗杀他的情况下，他也没有丝毫退缩。1945 年 9 月，凯旋的李兆麟来到哈尔滨道外八区广场，出席哈市各界人民庆祝抗战胜利大会，第一次与广大群众见面，在大会上，李兆麟指出："摆在东北人民面前的是建立幸福、自由的新东北，动员起来，壮大自己的力量，扫除一切障碍，实现自己的迫切要求，建立自己所需要的秩序，一切权力应该归于人民。"同月，李兆麟又出席了哈尔滨市知识分子代表大会，高度评价："知识分子是建设我们伟大祖国的宝贵财富，是通往共产主义的重要桥梁"，号召"在工人阶级的先锋队——中国共产党的领导下，捧出你们的全部知识和智慧，献给我们伟大祖国的建设事业吧！"1946 年 2 月 23 日，在有五万群众参加的纪念苏联红军建军节集会上，李兆麟发表了激动人心的讲演。

在哈尔滨工作期间，李兆麟与哈尔滨许多知名人士接触频繁，其中有地方元老、伪满时期宁坐监狱不任伪官的爱国者、东北著名诗人马忠骏，有东北大学教授杜光宇，有曾给赵一曼治伤的著名医师张柏岩，有黑龙江知名民族工商业者张廷阁、武百祥等。在和他们的接触中，李兆麟回顾14年的苦难与苦斗史，指出："现在东北虽然光复了，但我们不能忘记过去那段悲惨的遭遇。作为中华民族的一员，我们人人都有责任来报效国家，支援部队。"他还曾多次与马忠骏谈诗论文。这些知名人士也对李兆麟"替人民服务的精神和他的伟大超然的人格、宽大的态度"产生了深刻良好的印象。在李兆麟的教育争取下，这些爱国人士走上了与中国共产党合作共事的道路，经受了解放战争的严峻考验，为黑龙江省和哈尔滨市的社会主义革命和建设贡献了毕生精力。

在担任苏军军管时期副省长的87天里，李兆麟"以不眠不疲的精神，继续收拾日寇劫后的东北残局"。针对哈尔滨是个多民族城市的状况，李兆麟多方努力，消除日本法西斯民族压迫的恶果，他主持颁布了优待扶助少数民族的命令，在省市范围内给予少数民族参政议政的权利，并教育他们"要组织起来，只有组织起来才有力量"。

身为副省长，李兆麟一如既往，平易近人，对省政府工作人员热情关心、教育鼓励。也正是在李兆麟的身上，这些习惯于等级服从的人们第一次认识了共产党员特别是共产党的高级干部，第一次见到世界上还有如此不作威作福而又廉洁奉公的"高官"。李兆麟的工作和表现，给省政府工作人员留下了深刻印象。省府关科长说："他在省里两个多月，不知道办了多少为国为民的事情，但是我知道，他没有花过省里一文钱。他对我们职员又是那样的关切。他虽然以后不在省里了，还常常关心我们的生活，尽他的能力帮助我们。他人格的超越和慷慨与爱国爱民的精神，我不知道怎样赞美才好。"宣传股郭股长说："因为我担任宣传股，所以常和李先生接近。我今年28

△ 1946年2月23日，李兆麟在哈尔滨各界群众庆祝苏军建军节大会上讲话。

岁了，从来就没有见过像李先生那样伟大的人。李先生一向是在建设、民主上努力的人，他给了我们许多的启示和努力。"职员王先生回忆："我是一个小职员，但是李先生像弟弟般待我，他常常和我谈话，他关心我的生活，他注意我的前途，过去的为民主团结的伟大作为，是值得我们追随的。"

李兆麟这一时期的工作中还有一个重要方面，那就是与国民党反动派派来哈尔滨掠夺人民抗战成果的关吉玉（松江省主席）、杨绰庵（哈尔滨市长）等"接收大员"进行斗争。作为中苏友协会长，李兆麟经常参加各种社交活动，与"接收大员"们接触，作为中国共产党在哈尔滨唯一公开的代表，李兆麟多次代表党组织与国民党省市当局谈判。在所有这些活动中，李兆麟始终执行党中央的路线方针政策，勇于坚持原则，同国民党省市当局的反共反人民行径进行坚决斗争。正如中共哈尔滨市委书记钟子云回忆的那样，"他在和国民党接收大员的直接谈判中，对许多重大的原则问题，是针锋相对、寸土必争的"。在坚持原则的同时，李兆麟也注重斗争策略，以纯正的人格对国民党省市当局中的许多人起到了潜移默化的作用，正是通过李兆麟，杨绰庵第一次对共产党有了比较切实的认识，李兆麟被害后，杨绰庵也逐渐认识了国民党政府的真面目，最终弃暗投明，起义归向人民。

1946年3月8日，这是哈尔滨妇女光复后第一次庆祝自己的节日。为此，李兆麟于3月7日写下了"女同胞们！团结起来为自己的解放而奋斗"的亲笔题词。3月8日，在哈尔滨"三八"庆祝大会上，李兆麟指出："东北妇女无论在政治、经济、文化上都是被压迫的，根本就没有解放和平等，要想真正解放平等只有女同胞们自己组织起来，和全中国被压迫的妇女一起向帝国主义、封建势力作斗争……。"他的讲话多次被全场一千五百多名与会者的热烈掌声打断。但是，人们万万没有想到，3月7日的题词竟成为李兆麟的绝笔，而这次出席"三八"庆祝大会，也竟是李兆麟最后一次来到他热爱的哈尔滨人民中间。

四十多年后，当年曾与李兆麟并肩战斗的中共哈尔滨市委常委毛诚（后任吉林省副省长、中央调查部副部长）留下了这样的记述："李兆麟同志是我党杰出的领导者。当时我党还不能公开，只有

△ 1946年3月7日，李兆麟为哈尔滨"三八"国际劳动妇女节的题词。

他一个人代表我党以中苏友好协会会长的身份与国民党周旋。他有极好的政治素养，党性强，有组织观念，有极好的口才，善于做各阶层群众的工作，宣传党的政治主张。在接收哈尔滨短短半年时间里，他从哈尔滨为我党筹到大量资金、物资、武器弹药、药品和情报。为我党解放东北争取了时间。正因为这样国民党才把李兆麟当成眼中钉肉中刺。制造谣言用来诋毁李兆麟同志。李兆麟同志的牺牲换来哈尔滨的和平解放，哈尔滨人民是永远不会忘记他的。"

 ## 青年的良师益友

★★★★★

（35—36岁）

在哈尔滨工作期间，李兆麟对青年工作倾注了相当力量，这不仅因为他自己当时也只有30多岁，更主要的是他深刻认识到青年肩负着国家和民族的未来。自凯旋之日起，李兆麟就通过各种途径与哈尔滨青年接触，向他们宣传革命道理，启发他们的觉悟，培养和团结他们中的进步力量。1945年10月，李兆麟在哈尔滨市青年第一次代表大会上讲话："我爱青年人！青年要爱惜青春，要大公无私，要有自尊心，对自己的要求要高、要严，要关心国家大事和世界大事，要刻苦学习，学习、学习、再学习，时间是以秒为单位的！"

在与哈尔滨青年的接触中，李兆麟团结了一大批进步青年，他以自己谦和、热情、风趣和平易近人的品格，在经受日伪14年奴化教育的哈尔滨青年面前展示了共产党人的形象，极大地拓展了中国共产党在哈尔滨青年中的群众基础。许多青年正是在李兆麟的感召下，走上了拥护共产党和参加革命的道路。至今，已年近百岁的原黑龙江大学中文系教授、哈尔滨文学院院长陈缇回忆起在李兆麟领导下工作的情景，情感仍然溢于言表，赞誉李兆麟是"一位把全身心献给祖国的人，一位为东北人民力争和平民主的人，一位真正的共产党人"。

作为青年的良师益友，李兆麟对青年一直坚持热情关心和严格要求相结合的原则，督促他们在政治上进步，关心他们的生活和工作。在李兆麟担任副省长期间，有人偶然向他反映说，一个从狱中出来的青年没有职业，闲居家中，现在已是穷困潦倒。李兆麟得知此事后，立即派警卫员到那个青年家中了解情况。在青年家里，警卫员亲眼见到那位青年几乎衣不蔽体，用几张旧报纸燃火取暖，但仍在阅读进步书籍的情景，返回后即向李兆麟如实汇报。李兆麟听后，又派警卫员将那位青年请来。得知副省长要见自己，那位青年不知是吉是凶，更对敌伪时期的"官威"心有余悸，直至走进李兆麟的办公室时，心情还是忐忑不安。然而一进门，他见到的是李兆麟放下手中的文件，微笑着站起来迎接，听到的是李兆麟热情亲切的谈吐。在谈话中，李兆麟得知这位青年在日伪时期因参加爱国活动被捕，出狱后妻子早已改嫁，孤身一人，难以糊口时，立即写了张条子，把他介绍到建设厅去工作。这位青年有生以来第一次见到这样毫无架子、解人危难的"高官"，感激之余百思不得其解，情不自禁地开口问道："你为什么要这样关怀我呢？"李兆麟干脆地回答说："因为你是一个爱国的年轻人！"在生活上爱护的同时，李兆麟还十分关心青年们的学习和成长，组织他们学习毛泽东著作、《新华日报》和进步文艺作品。在李兆麟的发起和推动下，中苏友协组建了哈尔滨青年自学会（后改为青年共学会）、哈尔滨音乐促进会、哈尔滨文艺工作者协会等群众团体。这些团体既是哈尔滨青年学习革命真理、提高政治觉悟的主要阵地，同时，在当时局势动荡、学校和其他教育机关陷于停顿的情况下，它们又成为哈尔滨青年交换知识、启迪学问的场所，对恢复发展哈尔滨的文化教育事业发挥了重要作用。

在错综复杂的政治环境中，李兆麟一再教育青年要经受考验、积累经验，同时也充分估计哈尔滨青年在敌伪统治下与内

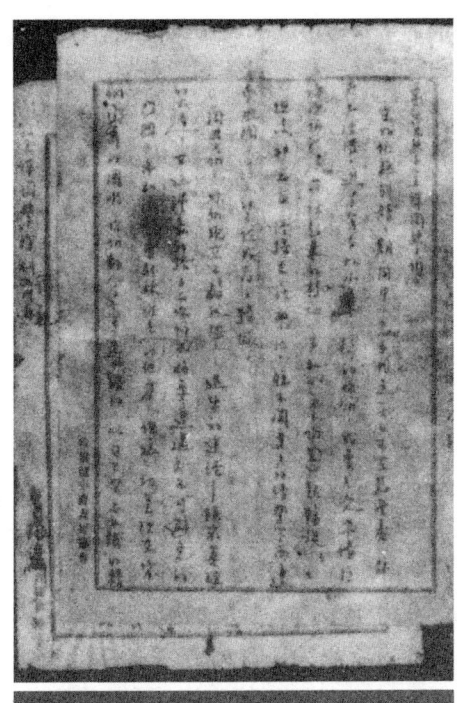

△ 1946年2月10日，李兆麟写给哈尔滨军医大学毕业生的信。

地隔绝14年、阶级觉悟和政治鉴别力都较低的状况，对他们在与国民党反动派的斗争中不可避免的不足悉心纠正，用事实教育青年认识国共两党的本质区别。1946年初，"接收大员"们来到哈尔滨后，出于争夺政权和耀武扬威的双重需要，急令各单位立即向国民党省市当局提交报告。李兆麟得知此事后，当即指示电台台长赵乃禾："电台这一阵地，不能让国民党插手，不理他们。如果有人来问，就说对日尚处在作战状态，有事找红军去！""接收大员"一计不成，又生一计，亲笔致函赵乃禾，信中称兄道弟，无比"亲切"，提出非常盼望了解电台的情况。赵乃禾将信交给了李兆麟，李兆麟看后再次指示："不理他！"但这时的赵乃禾在政治上还比较幼稚，担心影响国共合作，于是连夜写了一份三十多页稿纸的报告，在次日上午8时前去汇报，不料"接收大员"给予赵乃禾的，先是长达三个小时的冷板凳，见面后又是盛气凌人的冷冰冰的嘴脸，赵乃禾怀着满腹懊悔返回中苏友协，向李兆麟汇报了在"接收大员"那里发生的一切，承认了错误。李兆麟听罢，微笑着对赵乃禾说："你从来没见过国民党的官老爷啥样，也难怪，这回给你上了一课！小伙子，消消气儿！和我一块儿回家吃饭去！"在饭桌上，赵乃禾亲历了终身难忘的一幕：

一位饱经风霜、满脸皱纹的抗联老战士，端来一盆热气腾腾的小米饭，随后又送来分盛在两个大号碗中的红烧鳌花鱼。一时人们都活跃起来了，兆麟同志竟像个年轻人般地吵嚷着："这是怎么回事？今天是什么日子呀？"那位身着褪了色制服、胸前围着白围裙的老战士，也和大家一起无拘无束地笑着："你把日子给忙乎忘了！今儿是礼拜六，改善生活嘛！"突然，兆麟同志查查人数，这里一共六个人（钟子云、冯仲云、张观、陈世清、兆麟和我），他风趣地说："咱们这儿六个人，厨房里两个人，大鳌花是拦腰切成两段的，八个人四块，正好两人一段！哈哈！"他回身对老战士说："拿个盘子来！"领导对部下如此关怀，使得老战士有点局促不安，他深感幸福地、真挚地说："你们先吃吧，剩下的足够！"兆麟同志几乎是脸贴脸地对老战士说："这叫小米干饭、红烧鳌花！你看谁能客气呀？哈哈！"同志们也都哄然大笑起来，室内的气氛，是那般温暖、和谐。兆麟同志亲自去厨房取来一个盘子，悄声地问大家："怎么说来着？春吃什么？夏吃什么？"张观同志笑着说："冬吃头，夏

吃尾，不冷不热吃分水！嘿嘿！"兆麟同志敏捷地
拨出半截带头的鳌花，又亲自给老战士送去。我在
饭桌上回想在市府受到的冷遇，在这里得到的温暖，
心情无比激动。

在哈尔滨青年工作中，李兆麟尤为重视对原
伪满陆军军医学校学员的争取教育。进驻哈尔滨
后，李兆麟两次视察该校，定校名为东北军医大
学。充分肯定了校内进步学生的斗争，教育他们：
"要做清醒的、明辨是非的革命者，掌握马列主
义和中国革命实践是关键，这一点一定要牢牢记
住……绝不能认为自己已经是一个兵了，就可以
放松向工农兵学习，改造世界观是要终生努力的
大事。"

1946 年 2 月 10 日，李兆麟亲笔致函东北军
医大学全体同学，嘱咐他们："你们现在已毅然
踏上了进步的途径——探求真理的大道。在这
漫长的路子上，你们也将要遭遇到不可避免的凹
凸不平和滋长着荆棘难走的地方，但这一切呈现
在你们面前的困难，你们都会毫不畏馁的，以自
己坚忍不拔的精神消除和克服下去，在革命的路
途上大踏步迈进。"这也是他留给哈尔滨青年的
宝贵嘱咐。

→ 党中央的信任和关怀

（35—36岁）

在抗战胜利的凯歌声中，李兆麟和他的战友们一起，回到了党中央的怀抱。在抗战胜利后的半年中，李兆麟一直在党中央、东北局特别是陈云的直接领导下，负责以哈尔滨为中心的北满地区的工作，受到了党中央和刘少奇、彭真、陈云的充分信任和亲切关怀，也以为和平民主而斗争的实际行动，为中国革命作出了新的重要贡献。

在部署东北工作、任用抗联干部的过程中，党中央和东北局对北满地区和李兆麟十分重视。早在1945年10月28日，东北局书记彭真就任命李兆麟为松江省副主席。1945年11月16日，陈云从沈阳飞抵哈尔滨。在成立中共东北局北满分局的会议上，李兆麟第一次见到了陈云。党中央领导同志和抗联战士的手终于紧紧地握在了一起。从这时起，李兆麟开始在陈云的直接领导下工作。在斗争实践中，陈云日益加深了对李兆麟的了解，和他结下了深厚的革命情谊，十分重视发挥李兆麟的才干和作用。

1945年12月28日，毛泽东为中共中央起草了给东北局的《建立巩固的东北根据地》的指示。遵照毛泽东关于发动群众、开展大城市工作和重视培养使用东北本地干部的指示，党中央、东北局、北满分局和陈云更加重视发挥李兆麟的作用。1946年1月6日，党中央复电陈云，正式批准任命陈云、高岗、洛甫（即张闻天）、李兆麟、张秀山为东北局北满分局委员，陈云为书记。在北满分局的组成人员中，李兆麟的排名仅次于当时领导北满工作的三名政治局委员，足见党中央对抗联干部和李兆麟本人的重视信任。至此，李兆麟已身兼中共中央东北局北满分局委员、松江省副主席、中共哈尔滨市委常委、松江军区副政委、哈尔滨中苏友好协会会长五职，在北满斗争中发挥着举足轻重的作用。

这时，牵涉着苏美两国和国共双方的东北问题，已经成为当时中国政治形势和争取和平民主斗争的焦点。在此情况下，党中央和以彭真为首的东北局正在筹划任命李兆麟担任更加重要的负责工作，以便更好地发挥他的才干、影响和作用。鉴于李兆麟曾与苏军有密切交往，东北局一度考虑让他参与领导对苏外交。1946年1月24日，东北局致电党中央请示："苏方出来调解事，尚待交涉，拟先从李兆麟处打开局面。"党中央经过认真研究后，决定任命李兆麟参与领导统战工作。26日，刘少奇为党中央起草了《关于目前东北工作的方针问题给东北局的指示》，文中亲笔手书："对国民党军队官兵和官吏进行和平攻势，并设法公开某些负责人（如李兆麟等）设法找国民党谈判。"党中央和刘少奇的指示，不仅表示了对李兆麟的重视信任，更是对李兆麟领导的哈尔滨统战工作的充分肯定，并将在东北统战工作中推广运用这些经验。

遵照党中央和刘少奇的指示，彭真、陈云决定李兆麟参加全东北国共谈判，并拟安排周恩来到东北视察时（后因国民党当局阻挠未能成行）接见李兆麟和听取汇报。陈云于1946年2月3日和19日两次致电彭真，通报将同李兆麟一起前来东北局，"进行与国民党方面谈判的工作"，并询问周恩来前来东北的具体时间，以便安排李兆麟向周恩来汇报工作和接受指示。

这时，国民党特务勾结汉奸土匪谋害李兆麟的计划已进入最后实施阶段，李兆麟在哈尔滨的处境岌岌可危，随时可能发生意外。为保护李兆麟的安全和在更为重要的岗位上发挥他的作用，1946年2月27日和3月5日，彭真两次致电陈云，通知他和李兆麟速来东北局。

3月5日电报发出时，距李兆麟牺牲只有四天，这时，他早已处在哈尔滨国民党特务的全方位监视之下，脱身离开已完全不可能。不仅如此，在当时东北错综复杂的形势下，敌我双方的情报侦察工作处于犬牙交错的状态，一些叛徒奸细曾给东北解放战争造成重大危害。在这种情况下，陈云、李兆麟、冯仲云是否收到彭真的这两封电报，至今无据可考。由于李兆麟不幸牺牲，党中央和东北局准备进一步重用他的计划最终未能实现。但所有这些历史事实，足以证明党中央对抗联同志的重视和关怀，足以证明李兆麟在东北解放战争初期发挥的重要作用。

△ 1946年1月26日刘少奇为中央起草的关于指示李兆麟负责同国民党谈判工作的部分电报文照。

➔ 人民公仆

（35–36 岁）

　　重返哈尔滨，李兆麟的身份发生了根本变化，从当年被日寇重赏捕杀的"共产匪首"，一跃而为光复后的高级领导人。但李兆麟依旧坚守他对党、对祖国和人民的忠诚，还是那样热爱人民、廉洁俭朴、平易近人、劳碌奉献。

　　李兆麟把全部的爱都给了人民，对自己却是"苛刻"得令人难以置信。14 年饥寒交迫的游击战争，特别是 50 天断粮的折磨，使李兆麟患上了严重的胃病，一发作就疼得直不起腰。有一次胃病发作之际，正值李兆麟急于起草一个重要发言稿，他只好趴在床上把稿子写完。但就是这样，李兆麟的一日三餐也只是高粱米干饭、白菜土豆汤和豆芽、豆腐之类，再有就是大葱蘸酱。当然，李兆麟也经常用节余的菜金买些好吃的东西，但这些食品要么被他派人送往宾县北满分局，为极度操劳的陈云和分局机关的其他战友改善一下生活，要么就是请来其他同志共享。时任哈尔滨市银行理事长、国民党哈尔滨市政府参议的何治安，就曾亲眼目睹了李兆麟以高粱米充饥、草席为床的情景，深为共产党人勤劳俭朴、廉洁奉公的精神所感动，开始认识到国共两党的本质区别，以后成为哈尔滨工商金融界著名爱国民主人士。

吃的尚且如此，穿用就更加简单了。在哈尔滨期间，李兆麟先住在南岗大直街 124 号一栋陈旧的楼房里，一张木板桌、两把旧木椅，还有后勤部门送来装书籍文件的两个木箱子，这就是"省长官邸"的全部陈设。警卫员李桂林一看屋里连张床都没有，马上就去寻找。李兆麟见了，拍拍警卫员的肩膀说："老百姓还没有翻身，咱们要艰苦奋斗啊！来，想想办法看。"说着，他走出房间，拎回一个草垫子，让警卫员和他一起搭在那两个木箱子上。看着这张"床"，李兆麟会心地笑了："这不是挺好嘛，打游击的时候，我们哪里睡过这么好的床啊！"

现在，人们经常看到一张李兆麟在哈尔滨八区广场庆祝抗战胜利群众大会上讲话的照片，这时李兆麟穿着的就是一套缴自敌伪仓库的蓝色西装，他穿着时颇感瘦小，但为给党组织节省一些经费，李兆麟几次拒绝了后勤部门为他制装的建议，而是用自己的工资购买了一套中山服。在水道街血案中，那套中山服也和李兆麟的身体一样，在刽子手的利刃下七刀八眼、血迹斑斑。今天，它正在哈尔滨东北烈士纪念馆里向参观瞻仰的人们默默倾诉着李兆麟的悲壮和风范。

"老百姓还没有翻身，咱们要艰苦奋斗啊！"这就是李兆麟生活和工作的最高准则，他是这样说的，更是这样做的。在他牺牲后，哈尔滨西寺回民写下悼文："你是唯一的真正的人民公仆。从你死后，大家更进一步明确了你的故乡，还有七十岁祖父、六十多岁的母亲，不忍得加重人民的负担，你忍心地不让这两位老人家来作'老太爷'，你也没有寄分文钱给他们。你死后，从你的夫人口里，说出了你的经济秘密，你家中还存着仅有的 370 圆。东北历史上，没有你这样廉洁的官吏——不，公仆。"这就是哈尔滨人民给予李兆麟的最好的廉政鉴定。

热血染红朝霞

（1946）

→ 卑劣的黑手

★★★★★

（35—36岁）

李兆麟在哈尔滨的活动，彻底戳穿了国民党反动派卖国、独裁、内战的真面目，构成对国民党在东北地区反动统治的极大威胁，因此自然成为他们的眼中钉肉中刺，在一切恐吓都失败后，国民党特务就准备乞灵于暗杀手段了。

早在日本法西斯无条件投降之际，戴笠就拟定了国民党军统特务组织在东北的整个部署，特别是组建了军统在北满地区的组织"滨江本组"，直属军统局和戴笠本人领导。经过戴笠亲自遴选，选派军统上校（钟子云回忆为少将）张渤生负责筹建整个东北地区的特务网，并被任命为"滨江本组"首任组长。此后，张渤生又任命伪满军中校、汉奸林再春为副组长、安东（今丹东）日本宪兵队翻译官何士英为庶务组长，主持日常工作，伪满"江上军"（负责松花江水上防务）上尉阎钟章为"直属行动队"队长，执行暗杀任务。

自"滨江本组"在哈尔滨开展活动起，就把暗杀共产党员和进步人士作为主要任务。李兆麟因在北满人民中享有崇高威望，又积极反对国民党反动派的卖国、独裁、内战阴谋，因此甚为国民党特务所忌恨。遵照戴笠"擒贼先擒王"的指示，张渤生将李兆麟排在暗杀黑名单的首名，指令阎钟章亲自负责执行。1945年12月8日，求功心切的阎钟章误将体态相貌都与李兆麟相似的共产党员、《哈尔滨日报》社总务部长李钧枪杀。

为暗害李兆麟，特务们策划了六套方案，均未成功，张渤生也于1945年12月24日被苏军逮捕。两天后，戴笠的另一亲信、军统少将余秀豪被派来哈尔滨，以市公安局长的身份主持哈尔滨和整个北满的军统特务活动。余秀豪曾师从美国"警察专业化之父"奥古斯特·涡孟，获得警察行政博士学位，回国后，经奥古斯特·涡孟推荐进入浙江警察学校。1936年起在国民党政府警政司负责刑侦和特工，曾任"中美特种技术合作所"第五训练班教务长。来到哈尔滨后，余秀豪指示："干掉李兆麟，绝不是一件杀了人就了事的事，还必须干得人不知鬼不觉，无论如何也不能把火引到国民党身上来。"不仅如此，这时国民党特务已经侦悉李兆麟即将离开哈尔滨，更加紧了暗杀方案的实施步伐，叫嚣："不能让李兆麟走掉，一定要把他勾了！"这样，杀害李兆麟的阴谋策划更加深入细致。

这时，政治协商会议已经结束，并决定召集国民大会，组建联合政府，实现和平建国。遵照党中央的指示，李兆麟以主要精力负责中国共产党在哈尔滨的国大宣传和代表选举工作。针对这一状况，余秀豪等经过精心策划，决定以国民党松江省主席关吉玉邀请李兆麟谈判国大代表问题的名义实行诱杀，并制定了新的谋杀方案，确定在水道街9号动手，甚至还在3月7日举行了暗杀预演。

对敌人的暗杀阴谋，李兆麟早已有所察觉，党组织对李兆麟的安全也十分关心，最终决定将他调离哈尔滨去东北局工作。在李克农领导下，党的情报系统曾多方侦查敌人暗杀李兆麟的阴谋。李立三、冯仲云一再提醒李兆麟注意安全、加强防范。但李兆麟始终以党和革命的大局为重，继续在虎狼环伺的险境中战斗。他曾对毛诚说："如果我的鲜血能擦亮人民的眼睛，唤起人民的觉醒，我的死也是值得的。"李兆麟牺牲后，他的战友们每当回忆及此，无不感到悲痛和惋惜。1946年7月，李立三在哈尔滨一次会议上对马英林谈起李兆麟时，仍为"如果我当时坚决要他走，他也许就不会遇难了”而感伤不已。

"三九"水道街血案

★★★★★

（36岁）

3月7日暗杀预演结束后，何士英命令国民党省市政府秘书、已打入中苏友协的女特务孙格龄，务必于8日"三八"庆祝大会后将李兆麟骗至水道街9号。孙格龄闻命而动，在大会上以会务工作人员身份与李兆麟接触，谎称国民党"接收大员"将邀请李兆麟就哈市国大代表问题进行商议，她本人也有重要情况向李兆麟汇报，由于在此之前，李兆麟已经孙格龄安排，就国大代表问题与关吉玉、杨绰庵等在不同场合和地点会面，并向他们提出过反映人民意愿的选举办法。这次"三八"大会上又通过了关于国大代表产生的意见。因此对这一次"会见"，李兆麟也没有感到意外，并按以往参加这类活动的惯例作了必要准备。

1946 年 3 月 9 日下午，经中共哈尔滨市委批准，李兆麟应"邀"前往水道街 9 号"参加谈判"。行至地段街，车子发生故障，由司机卢德才和警卫员李桂林修理，恰逢《哈尔滨日报》社长唐景阳乘马车路过，李兆麟即同车返回中苏友协，此时已近 4 点，李兆麟见警卫员仍未返回，便决定单独前往赴约，他在日历上写下"下午三时应邀去水道街 9 号商定国大代表"，叮嘱秘书于凯："我到水道街 9 号去，李桂林回来后，你告诉他，我到水道街 9 号去，那个地方离华丰楼不远。"之后，便出门向距离仅百米的水道街 9 号走去，从此竟走向了永恒。

这时，国民党特务和汉奸土匪早已准备就绪，刘文升将毒药掺入开水中，阎钟章、高庆三、孟庆云持短枪匕首潜伏在厨房里，其他特务负责警戒，孙格龄则以秘书身份，在客厅里"迎候"李兆麟。待李兆麟到达后，孙格龄一面"热情问候"，一面"献"上准备好的毒茶。李兆麟饮下后发觉有异，连问："水咋这么咸？""头咋这么晕？"孙格龄见状已知药力发作，忙向厨房大喊事先约定的暗号"再换一杯吧!"然后即下楼逃走。厨房里的三名刽子手随即冲入客厅,举枪喝令李兆麟"不许动!"此时李兆麟尚有知觉,以最后的力量和凶犯进行了短暂的搏斗,终因中毒而昏迷倒地,丧尽天良的土匪高庆三挥起特务阎力维送给的"白骨匕首"连刺七刀,其中一刀贯穿胸背,即所谓"七刀八眼"。民族英雄李兆麟就这样悲壮地走完了他 36 年的壮丽人生。

李兆麟被害时,李桂林已修好汽车返回中苏友协,受于凯嘱咐来接李兆麟。当刽子手们

△ 李兆麟被害地哈尔滨道里区水道街9号（现已拆除）

下楼准备找阎力维碎尸后沉江灭迹时，在楼梯上与李桂林不期而遇。刽子手们见势不妙，仓皇逃走。李桂林立即向中苏友协和哈尔滨市委报告，并转请苏军和国民党哈尔滨市警察局协助查找。3月10日，在群众的协助下，打入哈尔滨市警察局任督查长的地下党员马亮发现了李兆麟的遗体。"只见兆麟同志两眼圆睁，咬牙切齿，穿在身上的干部服，已成了血衣，解开上衣，胸部负刀伤七处，其中致命的一刀，正中心脏，贯穿后背，惨不忍睹。"

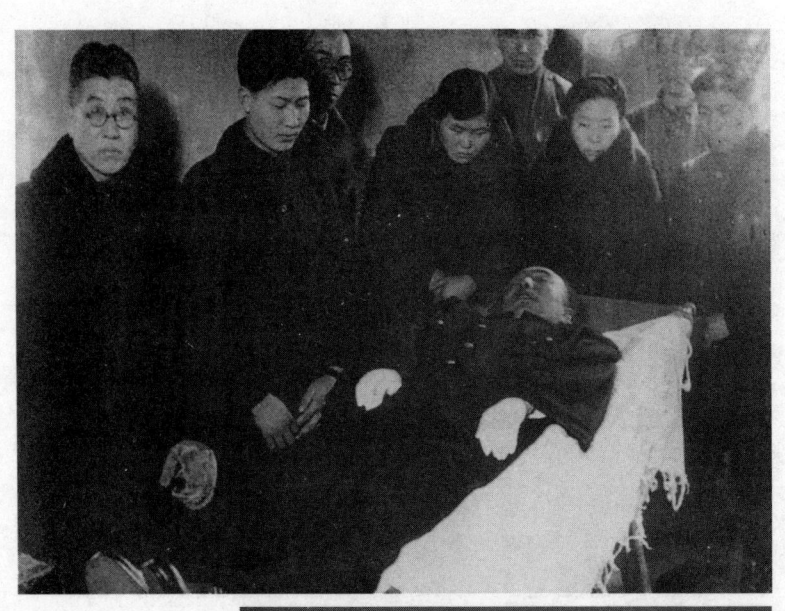

△ 冯仲云（左三）、金伯文（左四）在李兆麟遗体旁。

→ 隆重的悼念

★★★★★

1946 年 3 月 16 日，中共中央机关报《解放日报》沉痛宣告："反动派暗杀北满人民领袖，李兆麟同志遇害，全国同胞同声愤慨！"赞誉李兆麟是"东北人民敬爱的领袖、著名的共产党员"。

志士喋血，举国震惊，人们万万没有想到，日本侵略者"抓一个活的张寿篯"的"夙志"，竟在抗战胜利后完成于"中央政府"特务爪牙之手！惊闻噩耗，陈云悲痛万分，亲笔起草了北满分局发给各工委的李兆麟讣告。抗联战友无不声泪俱下。在《东北问题的历史真相》中，胡乔木和田家英写道："突然看到报载抗日联军领袖李兆麟同志遇害的消息，一时悲愤得说不出话来。反动分子为什么要暗杀李兆麟同志呢？岂不是因为他是东北人民十四年抗日的一面大旗吗？反动分子以为这样或者可以便于篡改历史，但是反动分子与日本法西斯一同让东北人民流了血，这一笔血债不是更加牢固地写在人民的心中了吗？李兆麟同志永垂不朽！东北人民十四年抗日战争的血史永垂不朽！"悼念李兆麟，争取和平民主，反对国民党反动统治的怒涛迅速席卷全国。

在哈尔滨，1946年3月23日至24日，李兆

△ 1946年3月13日，陈云就李兆麟被害起草的部分电文内容。

△ 1946年3月24日，哈尔滨数十万群众为李兆麟送灵。图为灵车驶过哈尔滨街道。

麟的公祭和安葬变成对国民党反动派暴行的声讨和示威。灵车所过之处，十多万群众夹道相送，随灵行进的群众队伍长达数里。在兆麟公园墓地，一百三十多个社会团体和十多万群众举行了悲壮的追悼大会。李兆麟的牺牲，带给哈尔滨乃至北满人民以无尽的悲愤，也进一步擦亮了他们的眼睛。4月28日，哈尔滨回到人民手中，成为当时解放区中唯一的大城市。以后对全国特别是东北的解放发挥了重要作用，并曾一度被党中央

△ 1946年3月16日，中共中央机关报《解放日报》关于李兆麟被害的报道。

　　定为召开中国人民政治协商会议和组建中央人民政府的备选地点。

　　在晋冀鲁豫边区首府邯郸，3月25日举行了五千多人参加的追悼大会，刘伯承为李兆麟守灵。

　　在晋绥边区首府兴县，3月28日至30日，三万多群众来到李兆麟的灵堂吊唁，晋绥军区司令员贺龙在延安未能赶回，特派副司令员张宗逊代表他主祭。

　　在新四军军部所在地山东临沂，陈毅率军

民挥泪为李兆麟等东北和平民主先烈修建了纪念塔（后于1947年国民党军重点进攻山东时毁于战火）。3月29日，临沂军民为李兆麟举行万人追悼大会。陈毅致悼词："李兆麟将军和其他被害的许多烈士，都是坚持东北抗战十四年的民族英雄。抗战胜利后，又是在东北努力和平民主建设的先进战士。国民党反动派竟为了替日本法西斯效劳，要暗杀他们，但是在抗战胜利后的今天，我们人民都觉醒了，人民的力量一定能制止反动派的无耻阴谋。"

在东北局驻地梅河口，4月2日举行了万人公祭李兆麟大会。彭真在悼词中指出："李兆麟同志是优秀的共产党员，是为东北人民服务的勤务员，十四年来他不避千辛万苦，转战白山黑水之间；东北解放后，他继续为实现东北和平民主而奋斗。正是这样，使国民党反动派法西斯分子十分仇恨，因而采取卑鄙的残忍的谋杀手段，李兆麟同志的被害，充分暴露了国民党内法西斯在东北坚持内战、独裁、分裂的反动方针，我们四千万东北人民要团结起来，继承烈士的遗志，以胜利的自卫战斗为实现民主和平奋斗到底。"吕正操号召东北人民以李兆麟为榜样，为翻身解放而斗争。张闻天在佳木斯举行的李兆麟追悼大会上致了悼词。

在重庆，原东北义勇军将领、东北抗日联军总司令李杜撰写悼文，盛赞李兆麟"为人和蔼，与士兵同甘共苦，忠心国家，实为一民族英雄与不可多得的建国人才"。悲悼"李兆麟是一位坚决抗战者，在东北坚持抗战达 14 年之久……他的被害是中华民族与东北人民的一大损失"。东北著名爱国民主人士高崇民悲愤赋诗："英雄抗日起辽东，失土收复建大功。满目疮痍争民主，轻身遇害恨无穷。"

在国际社会，苏联国外文化联盟向哈尔滨中苏友好协会发来唁电："我们得悉忠实爱国献身民主运动的李兆麟先生被反动分子惨杀的消息，深为悲痛。我们以国外文化联盟协会名义，对贵会表示吊慰之意，我们相信敌人的阴谋不能破坏我们人民的和平和友好。"塔斯社著名政治评论员马西努发表《中国不断发生刺杀案是反动派的政治阴谋》一文，强烈谴责谋害李兆麟是日寇残余及中国反动派反对中国进步社会代表的恐怖行为。美国合众社发出电讯："李兆麟将军于 9 日在哈尔滨为中国反动派刺客用刀从背后将他杀死……此次暗杀显然为中国法西斯分子在东北进行恐怖活动之一部，具有严重的政治目的。"该社记者罗尔波在临沂李兆麟追悼大会上愤怒疾呼："暗杀是国际法西斯惯用的卑鄙手段，今天李将军的死又告诉了全世界的人民，中国法西斯是如何的无耻，我相信你们解放区的军民手中有武器，一定会战胜这些法西斯。美国爱好民主的人士一定会努力支持你们。"

1946 年 7 月 26 日，延安隆重举行反内战、反特务，追悼李公朴、闻一多、李兆麟大会，数以万计的各界群众，冒着烈日从四面八方拥向大众剧场。剧场全场挤满，两旁厢楼为之拥塞，场外的山坳高处亦满布人群，绿柳垂杨中闪出许多红缨。悲壮的哀乐声在会场上空久久回荡，益增悲愤。

下午 4 时，中共中央政治局委员、陕甘宁边区政府主席林伯渠宣布大会开始，朱德、林伯渠、李鼎铭、谢觉哉、习仲勋等 11 位大会主席团成员登上主席台。在哀乐声中，朱德率全场万余人为李公朴、闻一多、李兆麟默哀，向为争取和平

△ 1946年7月26日，朱德在延安各界群众反内战、反特务，追悼李公朴、闻一多、李兆麟大会上讲话。

民主而英勇献身的先烈们致以最高的敬礼!

举行追悼仪式后,朱德、林伯渠相继讲话。朱德在讲话中对李公朴、闻一多、李兆麟等和平民主烈士给予高度评价,赞誉他们是中华民族的脊梁和伟大祖国光荣的象征。号召全国人民、全国民主人士一致团结起来,清洗法西斯好战分子和特务分子。号召中美两国人民携起手来,反对美帝国主义对华殖民地政策。

 ## 讨还血债

★★★★★

在追悼李兆麟之际,人民曾在他的英灵前发出了"伸张法纪严惩元凶"、"无耻反动特务匪徒能活几时"的誓言。随着解放战争的胜利和新中国的建立,这些誓言终于实现了。

党中央和东北局对侦破李兆麟被害案极为重视。彭真和陈云直接领导了破案工作。李克农领导党的情报侦查机关提供了大量情报和线索。毛泽东警卫秘书、原抗联二军参谋长陈龙（即刘汉兴，后任公安部副部长）具体部署了侦破工作，指示："不论他们逃到哪里，一定要把他们缉捕归案，绝不宽贷，不然，我们就愧对烈士。"

在解放战争期间，搜捕杀害李兆麟的凶犯一直是我军事、公安、情报部门的重要任务之一。1946年5月22日和24日，马健胤、高庆三两名刽子手先后落网法办。1947年底，中共长春工委侦悉刽子手孙海镜担任长春市国民党警察局第八分局局长后，即派地下党员高翔昆打入八分局，监视其行踪。1948年10月19日长春解放之际，孙海镜化装潜逃，未出长春即被我军捕获。1948年10月15日，林再春在锦州解放时被活捉。1949年3月8日，李兆麟牺牲三周年前夕，罪魁之一阎钟章在天津落网。上述各犯均被押回哈尔滨。在当时解放战争仍在进行、交通不便的情况下，我公安部队指战员以高度的政治责任心和使命感，精心安排，周密部署，圆满完成了押解任务。

1949年10月14日，哈尔滨人民公审处决了主持谋害李兆麟的汉奸蒋特林再春。19日下午1时，刽子手阎钟章、刘文升在兆麟公园七万群众的怒吼声中，受到了应有的惩罚。11月，李兆麟被害案中的投毒主犯南守善也在北京被捕伏法。

此后，李兆麟被害案的侦破仍在抓紧进行。在1949年10

月 15 日至 11 月 1 日举行的第一次全国公安会议上，李兆麟案成为重要议题之一，在同时举行的全国公安展览会上，还展出了李兆麟的血衣和阎钟章伏法时的照片。罗瑞卿亲自过问李兆麟案的侦破情况，将此作为镇反肃反的重点案件之一。他在中共中央直属各机关、中央国家各机关、中共北京市委和人民解放军驻京部队干部大会上的报告《我国肃反斗争的成就和今后的任务》中指出："运动查出了十万多名反革命分子和其他坏分子，其中已经混入党内的有五千多名，混入共青团内的有三千多名。有不少反革命分子是血债累累、民愤极大的反革命刽子手，这样的反革命分子在中央国家机关就查出了二百二十多名，杀害李大钊、陈潭秋、毛泽民、李兆麟、罗世文等同志的凶手，迫害方志敏、王若飞等同志的特务、反革命分子，都被清查出来了。"1950 年 11 月 9 日，刽子手刘明晨、阎力维、孙海镜、高喜元伏法。另一凶犯李剑星曾任国民党东北挺进军炮兵营中校副营长，解放后化名隐匿八年之久，于 1957 年 12 月经群众举报在齐齐哈尔捕获，1958 年 4 月 26 日处决。张渤生于 1956 年 4 月由中央人民政府从苏联引渡回国，1962 年 2 月 28 日病死狱中。

在谋害李兆麟的其他刽子手中，孟庆云于案发后被同伙毒死灭口。关吉玉曾任"国大"主席团委员，1948 年 6 月 1 日至 1949 年 3 月 8 日任国民党政府粮食部部长，全国解放前夕，任阎锡山"行政院"财政部长、蒙藏委员会委员长，曾参与破坏西南刘文辉、邓锡侯、潘文华起义，逃台后任"考试院秘书长"

等职，1975 年死于台湾。余秀豪、孙格龄逃至台湾。何士英和崔泰山逃离哈尔滨后下落不明。

纵观李兆麟被害案的侦破工作，其所受重视程度之高、时间之长、力度之大、对案犯惩办之严厉，在新中国公安工作的历史上都是首屈一指的。这充分证明了党中央对抗联同志和李兆麟本人的关心重视，也从另一个角度证明了李兆麟的重要贡献和牺牲的意义。

 # 在人民的记忆中永生

★★★★★

李兆麟牺牲了，他倒在不该倒下的时刻。但正如他预料的那样，他的鲜血擦亮了人民的眼睛，唤起了人民的觉醒。他用生命推动了人民解放战争的胜利和新中国的诞生，党和人民也永远不会忘记他。

老一辈无产阶级革命家们对李兆麟表示了深切的怀念。1947 年 7 月 1 日,廖承志在中共晋冀鲁豫中央局直属机关庆祝建党 26 周年大会上发表演说《毛泽东思想是指引我们走向胜利的旗帜》,赞誉李兆麟是"中华民族最优秀的儿女,无产阶级忠诚的战士,我们党最宝贵的领导干部"之一,指出李兆麟和其他先烈"将永远为全世界、全中国劳动人民所纪念,这些同志表现出的无产阶级气节,一切为党牺牲、赴汤蹈火的精神,将永远成为我们全党同志学习的楷模"。1949 年 3 月 25 日,在北平西苑机场阅兵仪式上,毛泽东特意与金伯文(时为全国第一届妇代会代表)亲切握手,表达了对李兆麟的悼念之情。《人民日报》于 1951 年 3 月 4 日记载:"毛主席和李兆麟将军夫人握手,全场无声,几百个人的视线都集中了。"陈云一直关怀着李兆麟的亲属。至今,李兆麟之女张卓亚还清晰地记得近半个世纪前的一幕:"1963 年 6 月 9 日,应总理邀请,母亲和我去参加欢迎崔庸健的宴会。当我走进宴会厅时,贺龙指着我问陈毅:'那个小姑娘是谁呀?'陈毅回答:'她就是兆麟同志的女儿啊!'提到父亲的名字,两位老帅脸上的笑容凝固了,沉默了很久很久……"

和李兆麟并肩战斗的抗联战友们,写下了大量回忆文章,重温李兆麟的音容笑貌。韩光深情地写道:"李兆麟同志虽然牺牲了,但他的历史功绩永远铭刻在人民心中,特别是铭刻在东北抗联老战友们的心中。兆麟同志的一生虽然短暂，但他的一生是不平凡的一生。他不愧为中华民族的优秀儿女，不愧为东北抗日联军的优秀将领，不愧为中国共产党的优秀党员。他为了中华民族、中国人民的彻底解放，为了社会主义、共产主义事业在我国取得彻底胜利，死在凶恶敌人的刀下，死得光荣！他的牺牲，唤起了他的战友、同志以及千百万人民同国民党反动派誓死斗争的决心，并取得最后胜利，这已为后来的事实充分证明了。他的牺牲，更加激励了后来者为振兴我们伟大的社会主义祖国而努力奋斗，这也必将为历史所证明。民族英雄李兆麟将军永垂不朽！"彭施鲁（后任国防科工委副参谋长、少将）回忆说："李兆麟的一生，是战斗的一生，是为了东北人民而和日本侵略者作生死搏斗的一生，是为建设一个新中国而奋斗的一生。李兆麟值得东北人民，特别是在他的战斗足迹踏遍过的黑龙江大地上的人民永远尊敬和怀念的！"

在东北 14 年抗日战争中，李兆麟同金日成、金策、崔庸健等朝鲜战友结下了深厚的情谊。继李兆麟之后，金策也于 1951 年英年早逝。此后，尽管风云变幻、世事沧桑，但金日成和崔庸健一直深深怀念着李兆麟。1958 年 11 月 27 日，正在广州访问的金日成在周恩来的陪同下，亲切接见了金伯文并赠送礼品，回忆与李兆麟并肩战斗的岁月。1963 年 6 月 9 日，崔庸健在宴会上接见了金伯文母女。6 月 18 日正午 12 时，在周恩来和原抗联吉东特委书记、黑龙江省省长李范五的陪同下，正在哈尔滨访问的崔庸健来到兆麟公园，向李兆麟墓敬献花圈。在墓碑前，周恩来和崔庸健神色凝重，仔细阅读碑文并绕墓一周，以示缅怀之意。20世纪90年代，年逾八旬的金日成把对李兆麟的深情厚谊倾注在回忆录《与世纪同行》中，他写道："国际联军时期的政工干部张寿篯也是我亲密的中国战友之一。在北满的时候他是第三路军军长。他还有个名字叫李兆麟。他和冯仲云是莫逆之

△ 1963年6月18日，周恩来（前排左二）陪同崔庸健（前排左三）向李兆麟墓献花圈，前排左一为时任黑龙江省委书记欧阳钦。二排右一为原抗联吉东特委书记、时任黑龙江省省长李范五。

交，和金策也是肝胆相照的挚友。他品质优秀，谦虚和忘我精神是他特异的品质。也许是这个缘故，我们一见面就成了挚友。有好事让给别人，有困难自身独揽。他的这种品质，使我对他产生了浓厚的感情。共产国际保存的游击队指挥员鉴定文件中称赞他是优秀的组织者，是英勇无畏、精力充沛、富有创造性的游击队指挥员。他在抗日战争时期创作的《露营之歌》，在北满游击队员中广为流行。抗战胜利后，张寿篯身负中共松江地区委员会的书记、松江省副省长等重任，积极工作，不幸在哈尔滨被国民党特务暗杀。"绵绵之情，溢于言表。

李兆麟在东北抗日斗争中的重要贡献和历史地位，受到党中央的充分肯定。1991年7月1日，在庆祝中国共产党成立70周年之际，由邓小平题写书名的《毛泽东选集》第二版出版。李兆麟作为东北抗日联军主要领导人之一被写入《论反对日本帝国主义的策略》注释。即："一九三一年日本帝国主义侵占东北以后，东北地区各阶层民众和东北军中部分爱国官兵，在中国共产党的领导、协助和影响下，组成不同名称的抗日义勇军。一九三三年初，绝大部分义勇军都溃散了。同年秋以后，中共满洲省委在各地原已创建的反日游击队（当时也称工农义勇军）的基础上，组建了东北人民革命军，一九三六年二月，东北人民革命军联合其他反日部队，发表了统一建制宣言，改称东北抗日联军，陆续编成十一个军，在共产党员杨靖宇、周保中、李兆麟等领导下，长期坚持了东北的抗日游击战争。"

热血染红朝霞

△ 李兆麟被害两周年纪念邮票照片

　　自 1947 年起，哈尔滨人民每年都要举行规模不等的祭扫李兆麟墓活动，甚至在"文革"期间也从未间断。李兆麟的望远镜和起草的对敌宣传品至今仍陈列于中国人民革命军事博物馆。李兆麟在教导旅时期用过的公文包陈列于卢沟桥中国人民抗日战争纪念馆。人民网于 2006 年建立了李兆麟网上纪念馆。截至 2011 年 3 月 5 日下午，在人民网李兆麟网上纪念馆致敬的网民已近 760 万人。新华网也建立了李兆麟网上纪念馆。

后 记

鞠躬尽瘁、无私奉献的人生之路

从"为老百姓办好事"，到以鲜血擦亮人民的眼睛，李兆麟走过了一条为中华民族和中国人民鞠躬尽瘁、无私奉献的人生之路。

在那山河破碎、民不聊生的苦难岁月，为洗雪国耻、救民水火，李兆麟投笔从戎，辽河岸边留下他的战斗足迹；兴安岭上响彻他的抗日枪声。为了"杀敌救国复河山"，他整整战斗了14个春秋，在枪林弹雨中出生入死，在饥寒交迫中苦苦坚持，终于迎来了祖国和家乡的光复。抗战胜利后，他又为争取和平民主和建立人民东北，战斗到生命的最后一刻，无愧于祖国和人民。

从为国为民的朴素愿望出发，李兆麟想方设法，探索改变黑暗社会的道路，最终站到了马列主义的旗帜下，成为光荣的中国共产党党员。在艰苦卓绝的14年东北抗日斗争中，尽管长期与党中央失去组织联系，但李兆麟仍和杨靖宇、周保中一起，通过学习党中央文件和党报党刊的特殊形式，自觉拥护和执行遵义会议以来的党中央政治路线，把毛泽东思想的基本原理贯彻到东北抗日斗争的具体实践中去，灵活应对严酷形势，领导东北抗日联军打破日伪"围剿"，形成相持局面，"始终没有被敌人消灭"。他追求真理，坚持理想，锐意进取，开拓创新。

自走上革命道路和加入中国共产党起，李兆麟就把自己的一生奉献给了祖国和人民。在长期艰苦的革命斗争中，他任劳任怨、无私无畏，与战士同甘共苦，同人民心心相连。无论是协助周保中领导抗联后期斗争，还是在东北局北满分局和陈云直接领导下坚持哈尔滨城市斗争，他始终自觉服从党的领导，全力完成党组织分配的工作和任务。不居功，不诿过，进行严格的自我批评。淡泊名利，无私奉献。

"李兆麟同志永垂不朽！东北人民十四年抗日战争的血史永垂不朽！"

胡乔木和田家英六十多年前的呐喊，早已成为铜浇铁铸的历史事实。